Johanna Isabella Eleonore von Wallenrodt

Geistererscheinungen und Weissagungen

besonders für unsere Zeiten merkwürdig

Johanna Isabella Eleonore von Wallenrodt

Geistererscheinungen und Weissagungen
besonders für unsere Zeiten merkwürdig

ISBN/EAN: 9783744650908

Hergestellt in Europa, USA, Kanada, Australien, Japan

Cover: Foto ©Thomas Meinert / pixelio.de

Weitere Bücher finden Sie auf **www.hansebooks.com**

Geistererscheinungen

und

Weissagungen

besonders

für unsere Zeiten merkwürdig

Nimm hin entsiegle und lies!

Leipzig
bey Friedrich Leopold Supprian
1796.

Geistererscheinungen

und

Weissagungen.

—————

Vorerinnerung.

Indem ich es wage, dem Publikum diese
Blätter mitzutheilen, kann ich das Urtheil
des gelehrten Theils desselben leicht vorher=
sehen. Da ich mir aber einer guten Absicht
dabei bewußt bin, scheue ich es nicht. Und
wenn ich auch diese Absicht nicht erreichen
sollte, so wird michs doch niemals reuen,
weil ich hoffen kann, mein Buch werde die=
jenigen, welche es lesen, wenigstens nicht
schlimmer unterhalten, als einer von den
hundert Romanen, die nichts als Romane
sind.

Henriettens Geschichte, welche zulezt
folgt, ist weitläuftiger, als sie sich in dieses
Werkchen zu schicken scheint. Ich glaube
aber

aber dem Leſer damit nicht zu mißfallen, da ſie intereſſant iſt, und viel gute Perſonen darinnen vorkommen.   Ein ſo vortrefliches Weib, als Henriette iſt, verdient allein, daß man nichts wegſtreicht, was Gelegenheit giebt, ſie ganz auch in den kleinſten Zügen kennen zu ler= nen.   Das Vergnügen, welches ich ſelbſt beim Leſen dieſer Geſchichte empfand, wollte ich auch andern mittheilen, und ſo trug ich ſie Wort für Wort ein.

Unter den Erzählungen, die hin und wieder von Erscheinungen der Geister und von Weissagungen gemacht werden, sind ohnstreitig die meisten von den ersten erdichtet oder eingebildet, und von den lezten aus Schwärmerei oder aus Absichten gestellt. Dennoch aber ist nicht alles gänzlich wegzuleugnen; es läßt sich nicht behaupten, daß ganz keine Geistererscheinungen möglich, noch weniger, daß nie ein Mensch Offenbarungen gehabt, und wichtige Veränderungen vorher verkündigt hätte. Jeder, der nur die Anfangsgründe der angenommenen Schulphilosophie inne hat, wird mir einwenden: Geistererscheinungen sind nicht möglich, weil nichts unkörperliches gesehen werden kann; was will man mir aber

antworten, wenn ich frage: ob es nicht außer
uns Geschöpfe geben könnte, die einen so sub-
tilen Körper haben, daß man ihn nach dem
Bau unsers Auges natürlicherweise nicht sehen
kann, daß aber wohl dieser luftige Körper
fähig seyn möchte, sich zuweilen mehr Consi-
stenz zu geben, wobey er gesehen werden
könne? Daß dies nicht möglich ist? — Dann
frage ich wieder, woher beweiset Ihr das?
Kennet Ihr alle Kräfte der Natur, und der
tausend und abermal tausend verschiedenen
Wesen, die sie enthält? Warum kann das
Chamäleon bald diese, bald eine andere Farbe
annehmen? warum der Pfau sich aufblasen
und ausbreiten? warum ein Mensch so leise
sprechen, daß man ihn kaum versteht, und
dann, so bald er will, seine Stimme bis zum
größten Geschrei erheben? Ja es giebt Menschen, die es in ihrer Gewalt haben, alle Züge,
jede Muskel ihres Gesichts so zu verziehen,
daß sie eine ganz andere Physiognomie dadurch
anneh-

annehmen können. Ihr glaubt nicht an Geister, vielleicht gar nicht an ihre Existenz, nicht
an das Daseyn eines geistigen Wesens in Euch
selbst! Und doch sind wirkliche Beispiele vorhanden, daß lebende Menschen an zwei verschiedenen Orten zugleich gesehen wurden, ja,
daß sie sich selbst sahen! Der Abt Steinmetz
im Kloster Bergen, wollte niemals glauben,
daß er oft zugleich in seiner Studierstube und
in seinem Garten gegenwärtig sey; er verlangte, daß man ihn davon durch den Augen-
schein überführen sollte, und es geschah
eines Tages. Er sah sich auf seinem Lieblings-
platze im Garten umhergehen, sagte lächelnd,
indem er auf den Geist zeigte: das ist der un-
sterbliche, und auf sich selbst zeigend, das ist
der sterbliche Steinmetz.

Vor nicht gar langer Zeit war ein Offizier
in einer Pr. Garnison von einer Gemüthskrank-
heit befallen, und konnte einige Monate nicht
ausgehen. Er war geliebt und von seinen

A 2   Freun-

Freunden oft besucht, welche alles anwandten um ihn aufzuheitern und seine wahren Umstände so viel möglich zu verheimlichen. Seine Wohnung war am Platz der Wachparade; so oft er außer dem Bette seyn konnte, (denn er war auch körperlich krank,) begab er sich ans Fenster wenn die Wachparade aufzog, und verließ es nicht eher, bis alles vorbei war, seine Anhänglichkeit an den Dienst vermehrte seine Leiden, da er nicht ausgehen und selbst auf der Parade erscheinen konnte. Oft hatten seine Freunde und sein Bedienter Mühe, ihn zurück zu halten, wenn der Trieb dahin zu stark ward. Einst sahen die sämtlichen Offiziers, die auf dem Paradeplatze waren, den Patienten aus dem Hause gehn; weil er aber im Schlafrocke und in der Nachtmütze erschien, erschraken sie und hielten ihn nun seines Verstandes völlig beraubt. Einige seiner genausten Freunde eilten auf ihn zu, um ihn zurückzuführen; aber die Erscheinung blickte ernsthaft

auf

auf sie hin und zerstiebte, als einer davon sie
bei der Hand fassen wollte. Erstaunt sahen
nun die beiden Offiziers einander an, und
schwiegen eine Minute, dann beschlossen sie
zu dem Patienten zu gehen, um zu sehen wie
es mit ihm stünde? Vor der Thür des Kran-
kenzimmers fragten sie den Bedienten, wie sich
sein Herr befände, und erfuhren von demselben, daß er am Morgen zwar aufgestanden,
sich aber aus Mattigkeit wieder auf das Bette
gelegt hätte. Sie fanden ihn noch auf demselben, und er fragte: ob die Parade schon
vorbei wäre? Einige Wochen nach diesem Vorgang ward der Offizier wieder völlig gesund
und lebt noch; man erzählte ihm denselben,
er war wenig darüber betroffen, und gestand,
daß er sich zu andern Zeiten selbst gesehen
hätte.

Unter mehrern Geschichten dieser Art, habe
ich diese beiden wählen wollen, weil sie um
der zuverlässigen Personen willen, welche von

beiden Augenzeugen waren, am glaubwürdig-
sten sind.

Von Wiedererscheinungen der Verstorbenen sind der Geschichten unzählige, die meist
falsch sind. Aber ich kann mich nicht enthalten, dem Leser auch zwei solche Begebenheiten
mitzutheilen, ohne jedoch für die Wahrheit
derselben mit einer andern Gewährleistung zu
stehen, als daß die Personen, denen sie begeg-
neten, und die sie mit ansahen, aufgeklärte
und gesezte Leute, und daß einige davon refor-
mirter Religion sind.

In einer deutschen Provinz lebte ein Edel-
mann, welcher ganz den Ruf eines ehrlichen
und thätigen Mannes hatte, deshalb auch von
einem seiner Freunde auf dem Sterbebette zum
Vormund seiner Kinder erbeten ward. Als
dieser Vormund nach einiger Zeit auch starb,
und die Mutter seiner Mündel nun einen andern wählte, forderte dieser der neuen Witwe
die vormundschaftlichen Rechnungen und Do-

kumente, die dazu gehörten, ab. Sie waren nirgend zu finden. Da nun beinahe das ganze Vermögen jener Pupillen darauf beruhte, ward endlich dahin erkannt, daß das Guth des verstorbenen Vormunds für sie in Depot genommen werden sollte. Dies versezte nun seine Hinterlassenen in den hülflosesten Zustand, und verunglimpfte zugleich seinen Namen. Die Witwe hatte in der Angst ihren entfernten Bruder zu sich geladen; er kam, und den Tag nach seiner Ankunft wurde die Commission erwartet. Unter den obwaltenden Umständen konnte er seiner Schwester wenig Beistand gewähren, und hierüber in Traurigkeit versenkt, saßen sie beide einsam im gewesenen Wohnzimmer des Verstorbenen beisammen, wo sie nochmals jeden Winkel vergebens durchsucht hatten. Plözlich sahen beide auf einmal in einer Ecke denselben stehen, und mit dem Finger auf eine Stelle an der Wand zeigen. Die Witwe ward ohnmächtig; ihr Bruder aber, welcher mehr

Geistesgegenwart hatte, sah unverwandt nach der Stelle hin, bis die Erscheinung verschwand. Dann erst leistete er seiner Schwester Hülfe, und sobald dies geschehen war, betrachtete er die vom Geist bezeichnete Stelle, fand kleine Nägel, in welche die Tapeten eingehakt waren, und indem er diese losmachen wollte, rief seine Schwester: Jesus, an diesen Wandschrank hinter der Tapete hab' ich nicht gedacht! Nun wurde er geöfnet, die Papiere gefunden, der Verstorbene gerechtfertiget und die Familie gerettet. Als sie gefunden wurden, war das Kammermädchen der Witwe, welches der Bruder seiner ohnmächtigen Schwester zu Hülfe gerufen, auch noch zugegen.

Ferner starb im siebenjährigen Kriege auf dem Joachimscollegio in Berlin einer der Lehrer am hitzigen Fieber. Kurz vor seinem Tode, da er sich schon krank fühlte, waren die Russen nach Berlin gekommen. Jedermann hatte bei ihrer Annäherung sein Geld und seine Kostbarkeiten

barkeiten in Sicherheit zu bringen gesucht.
Einige Wochen nach dem Tode des Lehrers
erhob sich ein Gespräch im Gymnasio, daß er
sich des Abends in einem der Gänge sehen
ließe. Fast alle Schüler wollten ihn gesehen
haben, und bestanden darauf, wenn die Lehrer es ihnen ausreden wollten. Da diese Sage
nicht aufhörte, und jeden Abend einer oder
mehrere Knaben den Vorgesezten erschrocken
erzählten, daß die Erscheinung sich wieder im
Gange befände; begaben sie sich eines Abends
sämmtlich dahin. Nicht lange hatten sie ge-
wartet, als sie den Geist daher schweben, endlich stille stehen, und den Fuß bedeutend auf
eine Stelle des Fußbodens setzen sahen. Einer
von ihnen nahte unerschrocken und umschrieb
diese Stelle mit Kreide, die er bei sich trug,
worauf die Erscheinung verschwand. Man
verschloß den Gang. Am andern Morgen
öfnete man ihn wieder, und fand, da man
die Stelle aufgrub, ein Töpfchen mit Geld,

auf dem ein Zeddel lag, des Inhalts: Für meine Mutter. Diese arme Witwe, in Frankfurth oder Croßen wohnend, erhielt das Vermächtniß.

Es ist, wenn man die Umstände dieser beiden Geschichten genau erwägt, nicht gerade hin an ihrer Wahrheit zu zweifeln, wofern man den Theilnehmern nicht entweder vorsezliche Unwahrheiten oder Verblendung, die doch bei mehrern, sogar wider die Sache eingenommenen Personen nicht statt finden kann, oder gar nachtheiligen Vermuthungen, die nicht einmal wahrscheinlich sind, Gehör geben will.

Mit den Weissagungen, die hin und wieder gehört, nachgesagt und aufgeschrieben worden sind, hat es in Ansehung des Wahrscheinlichen und Erdichteten dieselbe Bewandniß, wie mit den Erscheinungen. Viele davon sind Täuschung oder Einbildung, bei andern aber hat es die richtige Ereigniß des Vorhergesagten,

ten, doch wenigstens nicht zugelassen, sie ganz
zu verspotten.

Ein Müller in Schlesien hätte immer alles, was ihm und seinen Bekannten begegnen
sollte, vorhergesagt, und es traf pünktlich
ein. Auch allgemeine große Begebenheiten
waren von ihm prophezeihet worden. So
verkündigte er z. B. den Baierischen Succes-
sionskrieg als der Erblasser noch lebte, sagte
nemlich: es werde etwas unter Deutschlands
Fürsten vorgehen, was mehr einem Proceß,
als einem Kriege ähnlich seyn würde. Sie
würden zwar zu Felde ziehen, auch würden
Menschen genug dabei umkommen, aber nicht
durch Schlachten, und nach einem Jahre würden sie wieder heimziehen.

Dieser Mann hat ferner das Sterbejahr
des hochsel. Königs von Preußen, alle Unruhen und Kriege, welche während der Regierung seines Nachfolgers, und mit vielen jetzt
wirklich eingetroffenen Umständen, den jetzigen

Man behauptet, Friedrich der Weise und
Große hätte hiervon Nachricht bekommen,
und den Müller bei der vorlezten Musterung
in Schlesien selbst gesprochen, wo er ihm alles,
auch die Zeit seines Sterbens, unverholen
verkündigt und gesagt hätte: daß er diese und
noch eine Revüe in dieser Provinz halten
würde. Man will, daß der Monarch dieser
Prophezeihung wegen die lezte Revüe in der
nemlichen Provinz so lange dauern lassen,
beide Armeen, die er sonst getheilt vorgenommen, in ein Lager gezogen, und sie so festlich
veranstaltet habe. Daß dieser Müller einem
Greis, wie Friedrich war, wohl vorhersagen
konnte, er werde bald sterben, ist natürlich.
Aber immer bleibt es eine Aufgabe, wie er die
Zeit dieser Begebenheit so richtig treffen, wie
ferner Er, der nicht in die Rathschläge der
Kabinetter einsehen, oder sonst Nachrichten
von den politischen Begebenheiten entfernter
Staaten einziehn konnte, Dinge, die gar noch
nicht

nicht zu vermuthen waren, wußte, und die
Zeit ihrer Dauer und ihre Folgen so genau
errathen konnte? Obs nicht Beweis seyn
sollte, daß die menschliche Seele entweder
übernatürliche Kräfte und verschiedene Gaben
besizt, oder daß sie mit unsichtbaren Wesen
in Correspondenz steht?

Ich getraue mich nicht hierüber zu entschei-
den. Meine Absicht ist blos Thatsachen zu
erzählen, deren Ursache zu untersuchen den
Philosophen gebühren würde, wenn sie nicht
über die Sache selbst so ganz den Stab gebro-
chen hätten, daß sie keinen Beweis, auch nur
der Möglichkeit ihres Daseyns, zulassen. Man
ist im Ableugnen alles dessen, was nicht ganz
handgreiflich ist, so weit gekommen, daß kein
aufgeklärter Mensch es ohne Lachen hört,
wenn ihm auch ahndete, daß einiger Ernst
dabei seyn könnte. Alles heißt Einbildung,
Täuschung, Schwärmerei oder Einfalt, was
außer dem Gewöhnlichen und ganz Natürlichen

chen vorgefallen ist. Ich werde nie einsehen
lernen, warum nicht auch etwas nicht Alltäg-
liches, etwas das uns Geheimniß ist, natürlich seyn kann, da uns die Kräfte und Eigen-
schaften der Schöpfung, die Anzahl der Geschöpfe, ihre Natur und Gaben nebst den Absichten und Einrichtungen des Schöpfers nicht
dem kleinsten Theil nach bekannt sind. Wer
kann dies leugnen, da wir überzeugt sind,
unser Planet, nebst dem was er enthält, sey
nur ein Theilchen der unermeßlichen Welt, und
auch dieses Theilchen behält noch immer Geheimnisse für uns übrig. Des Forschens ist
kein Ende; aber nie ist es fruchtlos, und nie
kömmt der menschliche Verstand an die Grenze
der Entdeckungen. Fast möchte man es Stolz
oder lieber allzuweitgreifende Gewalt der Sinn-
lichkeit nennen, daß wir durchaus mit nichts,
als was sichtbar und auf dieser Erde ist, in
einiger Verbindung stehen wollen. Wir können es doch nicht leugnen, daß der Mond
und

und andere Planeten Einfluß auf das Physische unsers Erdbodens haben, warum könnten die geistigen Würkungen der darinnen enthaltenen Geschöpfe sich nicht auch auf uns erstrecken, mit uns sympathisiren, so wie wir hingegen vielleicht auf sie würken, und die Bewegungen unsers Planeten ohne allen Zweifel auch auf die ihrigen Eindruck machen? Wissen wir, ob nicht einige dieser unsichtbaren Himmelskörper zum Aufenthalt unserer Abgeschiedenen bestimmt sind, wie dieses auch schon von mehrern vermuthet worden ist — daß diese nicht das Vermögen haben, sich wieder zu uns verfügen, und wie ich vom Anfange dieser Blätter gesagt, ihre Gestalt mehr versichtbaren können? Wo ist der Philosoph, welcher dies bestimmt leugnen, und sichre Gründe dagegen anführen kann? Wenn dies nun alles so wäre, so würden Geistererscheinungen, Würkungen der Geister auf uns, Ahndungen, die kein Mensch wegläugnen kann, (oder er muß alles, was

ihm

Ihm oder andern von der Art begegnet, mit
dem Hülfswort Zufall benennen,) auch natürlich seyn, d. h. in der Einrichtung und Eigen-
schaften der Wesen liegen, nur ist es uns un-
bekannte unerforschbare Natur. Es darf uns
nicht wundern, daß wir sie nicht ergründen,
da wir beim Sichtbaren dies nur unvollkom-
men können. Doch es ist Verstandes-Mode
unserer Epoche — nicht zu sagen, wir begrei-
fen nichts von dem, was ins Reich der Geheimnisse gehört, sondern es giebt keine Geheimnisse! Kurzsichtiger Mensch! wie darfst
du so stolz seyn, dir einzubilden, nichts sey
vorhanden, was du nicht durchdenken kannst,
da du dir selbst ein Geheimniß bist? Wenn
man von Gott glauben könnte, daß er die
Neigungen und Schwachheiten eines Menschen
besäße, so würde man sagen: er muß lachen,
uns mit kindischer Einfalt behaupten zu hören,
das sey nicht möglich, was wir nicht einsehen,
und wovon wir uns keinen Begrif machen
können;

können; denn Kinder messen alles nach ihren Kräften und ihrer Erfahrung. Wir werden vielleicht uns selbst wundern, daß wir uns für weise hielten und nichts wußten, werden uns gedemüthigt fühlen, alle unsere gelehrten Schlüsse, unser Verneinen und Beweisen für weit gefehlt erkennen zu müssen; diese Ahndungen hatten auch einige der verehrtesten Philosophen.

Sonst hielt man jede natürliche Würkung für bedeutend, jeden Druck der verschlossenen Luft, jeden dumpfen oder säuselnden Ton von ihr veranlaßt für Geisterspuk. Dies so wie hundert andere unrichtige Meinungen ist entdeckt und berichtigt; aber unrichtig bleibt immer der Schluß: daß es sich mit allen übrigen so verhalte, und daß alles entweder noch unergründete Würkung der materiellen Natur oder Einbildung sey. Wir haben, um nicht einfältig zu scheinen, und für Wahrheit liebende Leute zu gelten, beschlossen, alles zu verwer-

B   sen,

fen, was irgend der Geister = oder Geheimniß=
lehre ähnlich sieht, und dieser Entschluß ist aus
der vielfältigen Erfahrung entdeckter Täuschungen entstanden. In keinem Zeitalter fehlte es
an muthwilligen Betrügern und Fanatikern
aus Ueberspannung der Einbildungskraft, die
so viel sahen, so viel von oben herab empfien-
gen, so vertraut mit geheimen Würkungen
und Aufschlüssen seyn wollten, daß sie viele
andre verführten, zu Misbräuchen Anlaß gaben, und von dem gesetztern Theil der Menschen als Betrüger verachtet oder als Thoren
verlacht wurden. In unsern Zeiten traten
derer seit 25 Jahren überall aufs neue hervor,
die Neigung zum Sonderbaren verschafte ihnen
Credit bei denen, die sie hegen, und also An-
hänger genug; dadurch vermehrte und ver-
vielfältigte sich ihr Orden, und nicht einmal
konnte der schnelle, von der Verzweiflung bewürkte Abtritt des Einen, noch die Entdeckung des Betrugs eines Andern, dem Leicht-
gläu-

gläubigen die Augen öfnen. Solchen Unfug,
solche Geistesschwachheit wollen Leute von
Grabheit und gesezter Vernunft vermeiden,
und, um nie in diese Versuchung zu gerathen,
verschließen sie die Augen vor jeder außeror-
dentlichen Ereigniß. Sie haben nicht ganz
Unrecht! Vernunft und Gefühl unserer Pflicht
lehrt alles, was wir nöthig haben, um hie-
nieden so weise und gut zu seyn, als es unsere
Ruhe und die Ansprüche auf Belohnung in
einer andern Sphäre verlangen. Wir bedürfen hierzu keiner Offenbarungen oder Geistererscheinungen, sie gehören auch nicht in das
Fach unsrer irdischen Laufbahn, und würden,
wenn sie noch so gewöhnlich, ja häufig wären,
zur Verbesserung der Möralität doch nichts
beitragen. Dieß beweisen die Handlungen
derer, die an Erscheinungen glauben, sich ein-
bilden dergleichen gesehn zu haben, und darum
nicht die kleinste ihrer verbotenen Neigungen
unterdrücken. Glauben sie Mosen und den

Pro-

Propheten nicht, ſagt Chriſtus; ſo werden
ſie auch nicht glauben, wenn jemand von
den Todten auferſtünde. Was ich eben vorher anmerkte und ſich oft bewieſen hat, beweißt, daß dieſes gegründet iſt und wir kön-
ten daher die Urſach herleiten, warum, wenn
auch Geiſter erſcheinen, dies Ereignis ſo ſelten iſt, und nur ſo wenig Menſchen wirklich
eine ſolche Erfahrung gemacht haben; die, ſo
gemacht wurden, gehören zu den Verhängniſ-
ſen, die ihren Zweck haben.

Es ſcheint, als ob ich durch dieſe warme
Vertheidigung der Geheimniſſe meinen Leſern
Glauben an das, was ich von Erſcheinungen
und Weiſſagungen weiter zu ſagen willens bin,
aufdringen wollte, und doch iſts nichts, als
unverfälſchte Darſtellung meiner Ideen über
dieſe wichtige, ſo vielfältig beſtrittene Materie,
wovon keiner mehr als ſchwankende Begriffe
hat. Wir haben hierüber keine allgemeine
Erfahrung, wenigſtens keine öffentlich bekann-

ten

ten Beweise. Diejenigen, welche einzelne Personen geben, oder die wir aus Erzählungen nehmen, sind allerdings, wo nicht trügend, doch unzulänglich für die Ueberzeugung eines jeden. Aber wenn gewisse Begebenheiten dieser Art sich durch die angekündigten und würklich eingetroffenen Folgen bestätigen, so ist man gezwungen, zu gestehen, es müsse wenigstens an der Sache selbst etwas seyn, wenn auch die Nebenumstände erdichtet oder verändert wären. Eine solche Begebenheit will ich, so wie sie mir in die Hände fiel, mittheilen, ohne von der Wahrscheinlichkeit des Zusatzes, der Einbildung oder der Tradition etwas einzumischen.

Im Jahr 1750 starb die Witwe des lezten Zweigs eines alten berühmten fürstlichen Hauses auf ihrem Wittwensitze, und ward in der Schloßkirche ihrer ehemaligen Residenz beygesezt. Ehe dies geschah, wurden am lezten Ort die gewöhnlichen Anstalten zur Beisetzung

ge=

gemacht, und unter andern einen Tag zuvor
die Gruft geöfnet. Viele Perſonen bedienten
ſich dieſer Gelegenheit, hinabzuſteigen und die
da befindlichen Särge in Augenſchein zu nehmen. Unter andern begab ſich auch ein Schüler, den wir Ulrich nennen wollen, 15 Jahr
alt, von ſtillem geſezten Weſen, mit einem
ſeiner Mitſchüler dahin. Dieſes geſchah des
Vormittags, Ulrich ſtellte einige Betrachtungen
über die Vergänglichkeit und Nichtigkeit menſch-
licher Hoheit an, und beſchäftigte ſich mit dieſen ernſthaften Gedanken faſt den ganzen Tag.
In der nächſtfolgenden Nacht weckte ihn die
Erſcheinung ſeines Mitſchülers, des nemlichen, welcher mit ihm in der Gruft geweſen
war, der mit einer Laterne in die Schlafkam-
mer trat und ihm berichtete, daß die Leiche der
verwitweten Herzogin eben angekommen wäre,
und in die Kirche gebracht würde. „Steh alſo
hurtig auf, ſezte er hinzu, und laß uns in
die Schloßkirche gehen, wo wir mehr Leute
und

und alles erleuchtet finden werden." Ulrich
ließ sich nicht lange nöthigen, er eilte mit dem
Anzuge, und dann in der vermeinten Beglei-
tung seines Kameraden fort. Der Umstand,
daß er das Haus offen fand, befremdete ihn
nicht, weil er glaubte, es wären bereits mehr
Leute aus demselben in die Schloßkirche gegangen. Sie begaben sich also dahin, und fanden wirklich die Kirche erleuchtet, und eine
Menge Menschen darinnen, die, wie es schien,
auf die Ankunft der Leiche warteten. Da sie
verzog, schlug der Mitschüler Ulrichen vor,
noch einmal in die Gruft hinunter zu steigen,
und leuchtete mit der Laterne voraus, Ulrich
aber folgte, wie er hernach gestand, fast un-
willkührlich nach. Kaum war er da, als
Mitschüler und Laterne verschwand, hingegen
war es so helle in der Gruft, als es bei der
am Horizont verbreiteten Morgenröthe zu seyn
pflegt. Bei diesem Lichte schien es Ulrichen
als ob alle Särge offen wären, und alle längst

ver-

verstorbene fürstliche Personen umherwandelten.
Sie giengen feierlich ernst vor einander über,
standen hin und wieder still, und blieben dann
etwa eine Minute als in tiefes Nachdenken versenkt stehn, dann wandelten sie wieder, und
endlich rief eine Stimme unter ihnen: Ja, es
muß alles erfüllt werden, wie es im Rathe
der Wächter beschlossen ist. Nach Ausspruch
dieser Worte nahte ein weiblicher Geist aus
dieser Gesellschaft dem wie eingewurzelt daste-
henden Ulrich, ergriff sanft seine Hand und er
fühlte sich an einen Sarg gezogen, wo der
Geist das Hauptkissen aufhob, ein versiegeltes
Buch hervorzog, und es Ulrichen mit den
Worten übergab: Dieses hab' ich mit eigner
Hand aufgeschrieben, wie es geschehen wird.
Die Zeit ist noch nicht vorhanden, aber ehe
man schreibt 1850 wird alles erfüllt seyn.
Nimm hin, entsiegle und ließ! Und es merke
die Worte dieses Buchs, wer sie hören wird!
Hierauf verschwand jede Erscheinung, das Licht

in

in der Gruft verdämmerte wieder bis zur gänz-
lichen Dunkelheit. Bisher war Ulrich mehr
betäubt als ängstlich gewesen, jezt wandelte
ihn fürchterliches Grausen an. Er konnte
sich kaum auf den Beinen erhalten, und vermochte nicht die Stelle, wo er stand, zu verlassen. Das Buch hielt er fest, ob er gleich
vor Angst wenig daran dachte, sich jemals mit
seinem Inhalt bekannt zu machen. Als endlich die Strahlen des wirklichen Morgens in
die Kirche und durch die offenen Thüren davon
nach und nach so viel in die Gruft brachen,
daß Ulrich die Ankunft des Tages ahndete,
wagte er es, sich der Treppe zu nähern. Indem er dies that, wurde die Kirche aufgeschlossen, er hörte Menschen hereinkommen, und
unterschied die ihm bekannte Stimme des Glöck-
ners, welcher mit zwei Knaben zum Morgen-
läuten gekommen war. Nun stieg er herauf,
aber seine Beine waren so schwer, daß er es
nur mit Mühe konnte. Der Glöckner erschrak

, vor

vor ihm und seinem verblaßten Gesicht, und
fragte: wie er hierher käme? Ulrich, welcher
der Meinung, man müsse solche Erscheinungen
drei Tage verschweigen, anhieng, gab vor,
er wäre des vorigen Abends in der Gruft
eingeschlafen, und gieng, ohne weiter Rede
zu stehen, langsam und wankend fort. Seine
Blässe sowohl als das Wanken seines Ganges,
schrieb man dem empfundenen Schreck zu, als
Ulrich sich beim Erwachen einsam und bei Nacht
in der Gruft fand, glaubte auch recht gern, daß
er Geister gesehen, oder wenigstens ihren Spuk
gehört hätte; welches in den funfziger Jahren
noch ganz angenommen war. Man beklagte
den armen jungen Menschen, und der Glöckner rieth ihm, ja sogleich was zu brauchen,
weil er sonst krank werden würde. Wegen des
Buches in seiner Hand fragte man nicht, weil
es gewöhnlich ist, daß Schüler Bücher tragen,
und Ulrich dieses wohl mit sich in die Gruft genommen haben konnte. Er fand, als er an das

Haus

Haus kam, daßelbe noch verschloſſen, aber er
ſehnte ſich nach Ruhe und pochte an. Der, welcher ihm öfnete, erſchrak ebenfalls vor ihm, und
vermuthete leicht, daß dem Jünglinge, welcher wegen ſeiner ordentlichen Lebensart bekannt und beliebt war, etwas unangenehmes
begegnet ſeyn müſſe, welches ihn die Nacht
durch außer dem Hauſe aufgehalten hätte.
Ulrich beantwortete die Fragen hierüber mit
einer kurzen Bejahung, und ſezte hinzu: Gott-
lob, daß es überſtanden iſt! Jezt ſchlich er
nach ſeiner Kammer, verbarg das Buch in
ſeinem Bette, und legte ſich ſelbſt hinein. Er
fühlte ſich wirklich krank, entſchlief aus Mattigkeit, ward aber bald von ſeinen Eltern geweckt, welche von dem, der ihm das Haus
geöfnet, benachrichtiget wurden, und höchſt
erſchrocken zu ihm hinliefen. Ulrich ſagte auch
ihnen nicht ſogleich was die Sache war, er
verwieß ſie bis auf den dritten Tag, und bat
ſie indeſſen ruhig zu ſeyn; da er ſich aber klagte,

beſorg-

beforgten sie einen Arzt, welchem er soviel gestand, daß er diese Nacht einen großen Schreck
gehabt hätte.   Indessen   hatte der Glöckner
und die Knaben, die mit ihm in der Kirche
waren, als Ulrich aus der Gruft stieg, nicht
ermangelt, es hin und wieder zu erzählen;
noch denselben Tag kam es in der Stadt her-
um, daß er in derselben eingeschlafen und bis
am hellen Tag hätte aushalten müssen.   Man
wußte, daß er mehr todt als lebendig die Kirche verlassen, daß er kaum hätte sprechen können, man vermuthete schon, was er alles gesehen und gehört hätte, man zweifelte, daß
er davon kommen würde, man sagte ihn schon
todt.   Alle Bekannten seiner Eltern liefen zu
ihnen, um Gewißheit von alledem zu erhalten.
Diese erfuhren daher ihres Sohnes Aufenthalt
in der Gruft, und erschraken aufs neue; doch
konnten sie den Leuten sagen, daß er wahrscheinlich eine Erscheinung gehabt haben müsse,
wovon er aber vor dem dritten Tag nicht sprechen

chen wolle. Sie hoften, er würde ihn erleben,
und überhaupt davon kommen, weil der Arzt
sein Uebelbefinden nicht sehr gefährlich gefunden hätte. Ulrich erholte sich auch wirklich
nach einigen Tagen vollkommen, und theilte
dann seinen Eltern den ganzen Vorgang mit,
welche es für das Beste hielten, den vornehmsten Geistlichen des Orts Meldung davon zu
thun, und erst in ihrer Gegenwart das Buch
zu entsiegeln. Dies geschah, man las und
erstaunte, und weil der Geist nicht befohlen
hatte, es geheim zu halten, wurde in kurzem
ziemlich allgemein davon gesprochen. Es werden noch genug alte Personen bis zu etliche
funfzig Jahren leben, welche sich so, wie der
Verfasser dieses Werks, auf die damals kur-
sirende Erzählung der Geschichte besinnen werden, wenn diese Blätter ihnen zu Gesichte
kommen sollten. Doch nicht lange war davon
gesprochen worden, als es auf einmal verlau-
tete, man habe höhern Orts das Buch abfor-

dern laſſen, und allen Perſonen, die darum
wußten, beſonders Ulrichen, Stillſchweigen
anbefohlen, doch habe der lezte ein Stück Geld
zu ſeinem weitern Studieren empfangen. Es
iſt ein rechtſchaffener Geiſtlicher aus ihm geworden. Wo und ob er noch lebt, gehört
nicht zur Sache.

Dies iſt nun die Geſchichte, welche ſich
nebſt einer Abſchrift der im Buche enthaltenen
Weiſſagungen, deren vielleicht, noch ehe das
Buch abgefordert wurde, mehrere genommen
worden, in der Bibliothek eines Privatmanns
erhalten hat, und die ich mit Erlaubniß des
Beſitzers hier einrücke.

Dieſe Begebenheit bleibt immer dunkel.
Wenn Ulrich einen bloßen Traum hatte, oder
wenn er nicht durch einen Geiſt in Geſtalt
ſeines Mitſchülers in die Gruft geführet
ward, ſondern ſich wirklich in derſelben ver-
ſpätete, darinnen einſchlief, hernach erwachte,
und durch Furcht und ſeine Phantaſie gereizt,

alles Erwähnte zu hören und zu sehen glaubte,
so fragt sichs, wie kam das Buch in seine Hän=
de? Und wenn es auch mit dem Buche Erdich=
tung war, wie kömmt es, daß so viele der
darinnen enthaltenen Weissagungen eingetrof=
fen sind? Auf die zweite dieser Fragen kann
sich freilich niemand einlassen, der nichts von
dem Inhalt dieser Weissagungen weiß. Nur
der Verfasser dieser Blätter kann versichern,
daß zum Erstaunen viel davon bereits gesche=
hen ist, weil er sie gelesen hat. Der Besitzer
der Abschrift, konnte meinen Wunsch, sie auch,
so wie Ulrichs damit verknüpfte Geschichte hier
bekannt machen zu dürfen, nicht gewähren,
zu wichtige Bedenklichkeiten hielten ihn ab;
doch ward mir vergönnt, überhaupt etwas
davon zu sagen.

Die Jahrszahl von Verfassung des ge=
schriebenen Buchs ist: nach Christi unsers lie=
ben Herrn Geburt, als man zählt tausend
vierhundert und sieben und siebenzig. Der
Name

Name der fürstlichen Verfasserin, Mechtilde. Die
Veränderungen, die sich nach ihrer Zeit, die
Fürstenhäuser Deutschlands, ihre Erhöhung
oder Unglücksfälle betreffend, zugetragen, die
Endigung des orientalischen Kaiserthums durch
die Einnahme von Constantinopel von den
Türken, welche, wie bekannt, zwei Jahre
nachher erfolgte, sind so genau bestimmt, daß
man, wenn man die Geschichte zur Hand
nimmt, erstaunt, alles so richtig eingetroffen
zu sehen, sogar das traurige Ende, welches
der Kaiser selbst dabei nehmen würde, ist be-
rührt. Ueber die Mißbräuche der römischen
Kirche, oder vielmehr die Gräuel derselben,
wehklagt die Verfasserin nicht wenig, und
spricht von der im sechzehnten Jahrhundert
durch Luthern bewürkten Reformation, „der
viel Fürsten und Herren müssen durch Gottes
Noth und Schickung zutreten," von den blu-
tigen Kriegen, „die nach Hinfahrt des Mönch-
lins als göttlich Straf und Zorn," über viele
Länder

Länder ausbrechen, und besonders in Deutsch-
land wüthen werden, und wird Gräuels,
Raubens und Mordens allweg seyn, daß
Weh über Weh auf Erden gehört wird, und
wird dauern solch Jammerleben bis ganz Fried
und Ruhe wird, dreißig Jahr. Von Gustav
Adolph, Carl dem Zwölften und andern Fürsten, die sich um die Religion verdient gemacht,
und in diesen Kriegen hervorgethan, spricht
die Weissagung ganz unverkennbar, und sogar
ins Einzelne gehend. Ferner wird Meldung
von dem Hause Oesterreich gethan, und den
Kriegen, die es mit verschiedenen Mächten und
den Türken führen würde 2c. Von der Erhöhung des Hauses Brandenburg, und den großen Fürsten, welche in demselben auftreten
würden, und besonders von dem Größten.
Dieser fürstlichen und königlichen Herren,
heißts, wird einer aufkommen und gelobet
und gepreiset und hochgeehret werden, denn
er viel Feinde bezwingen, löbelich regieren,

und über alle Maßen klug seyn wird, daſſelb
Königreich wird ſo große Macht und Furcht
überall haben und erlangen ꝛc. Von der Aus-
breitung des ruſſiſchen Reichs durch Peter den
Großen ꝛc. Dann wird Wehe gerufen über
ein großes, ja das größte und blühendſte,
auch ein äußerſt ſtolzes und eitles Königreich
in Europa, das nit glaubt es könne fallen
bis an der Welt Ende, aber lang vorher eher
die lezte Zeit da iſt, kömmts zu Fall, und
wird ausgerottet werden der Königsſtamm
durch Frevler Hände, die auf ihre Seelen
laden Königsmord und anderer unſchuldiger
und gerechter Leut viel, bis ſie heimlich mor-
den ohne Schonung und Scheu das lezte Königlin vom rechten Stamm. Aber derſelbig
König, des unſchuldig Königlin ſein Vater,
wird ſeyn ein gerechter und bieder Mann,
mehr denn all ſeine Väter, derſelb muß büßen
ihre Sünd mit ſeinem Hauſe, hiervor ihn
Gott lohnen mag im Himmel. Ferner heißt

es, wirds das aufrührisch Volk ausrichten,
und werden es nicht können strafen noch de-
müthigen die andern Fürsten, wiewohl sie
alle aufstehn und sich rüsten mit großer
Macht; denn es wird nicht rechter Ernst
seyn unter ihren Kriegsheeren, und viel Hin-
derniß hier und da, darob die andern werden stehn und vollbringen ihr Werk, bis Gott
beschlossen hat zu strafen die Gräuel, und
rächen das unschuldig Blut. Nun kömmt
noch ein Wehe über dieß Volk, die sich in
innern Zwist, Hader und Meuterei selbst auf-
reißen, und Fremden in die Hände fallen.
Doch werde ihre Regierung eine Zeitlang be-
stehen, aber kein innrer Friede zu denken seyn,
denn die neuen Regierer würden das Zutrauen
des Volks nie gewinnen, und also, heißts,
wirds geschehn, daß ein Zweig des alten Kö-
nigsstamms wird aufkommen, eh' mans zu
der Zeit denken wird. Diese Stelle ist dunkel, und sie zu erörtern gehört der Zeit. Ich

habe

habe das, was von den Mächten Oesterreich, Rußland, Preußen und England weiter vorkömmt, dieser Dunkelheiten und andrer Bedenklichkeiten wegen, ebenfalls übergehn, und mich bei dem wenigen, was ich von einigen dieser hohen Häuser angeführt, mit zc. zc. begnügen müssen. Es ist billig, daß man gewisse Vorhersagungen, es mag nun mit der Wahrheit derselben stehen, wie es will, mit Stillschweigen übergehe. Doch man will ja behaupten, daß alles, was uns verborgen ist, noch einst ans Licht komme. Wenn dem so ist, so muß sichs auch fügen, daß jene Weissagung noch ganz bekannt wird; des so sehr richtigen Zutreffens der schon vergangenen Begebenheiten wegen, würde es der Nachwelt nicht wenig interessant scheinen, in wiefern das, was noch bevorsteht, eben so in Erfüllung gehn sollte.

Merkwürdig ist auch das, was über die Religion in jener Weissagung gesagt wird.

Die Leuchte Gottes unsers Herrn, heißt es, wird helle scheinen, daß Lug und Trug des argen Teufels an Tag kommen, und die Leute wissen werden, was der rechte Glaube und Gottes Befehl und Wille sey. Darnach wird aber immer mehr geklügelt werden, daß Irrlehre zusammt wahrer Lehre verworfen wird, und wird aufhören aller Glaube an Christum unsern lieben Herrn, daß er zulezt nicht mehr heißen wird, denn ein ander Menschenkind. Mir scheint diese Weissagung ihrer Erfüllung ganz nahe. Es ist zu vermuthen, daß unser Erlöser um das Jahr 1850 in dem Glaubenssystem der protestantischen Christen keinen höhern Rang einnehmen werde, schon jezt neigt sich der neuere Religionsunterricht dahin. Doch ist zu vermuthen, daß ihn die Catholiken immer als Gottes Sohn beibehalten werden, da mit diesem Lehrsatz alles verbunden ist, was das eigentliche Interesse der Geistlichkeit erfordert; und hier auch

C 3   zeigt

zeigt die Weiſſagung hin. Es iſt in ſelbiger
geſagt: daß die, welche bei dem alten unge-
reinigten Glauben bleiben werden, ihren Eifer
für die Lehrſätze der chriſtlichen Religion behalten würden lange Zeit. Doch würde dieſe
Kirche aufhören ein allgemeines Oberhaupt
anzuerkennen, und wenn dies erſt erfolgt ſey,
würden die Geiſtlichen nicht mehr, wie zuvor,
zuſammenhalten. Es würde kein ſolch Einig-
Sinn (jezt würden wir ſagen Eſprit de Corps)
unter ihnen regieren, ihre Gelehrten würden
nach ihrer Gelehrſamkeit predigen, kein Menſch
würde ſie darum beſtrafen, und ſo würde mehr
weltlich Weisheit als Frömmigkeit die Religion ausmachen. Alle die verſchiedenen Sek-
ten der Chriſten = Religion würden ſich einander
nähern, und eines Glaubens ſeyn, doch der
Name der Chriſten würde immer beibehalten
werden, und hin und wieder würden auch
Rechtgläubige bleiben. Die Juden würden
ſich immer mehr zu den Chriſten neigen, daß
zulezt

zuletzt gar kein Unterschied noch Frage um den
Glauben (im Allgemeinen) würde gehört wer-
ben. So werde der eigentliche Hauptlehrsatz
der christlichen Religion allmählig verfallen,
und werde noch nicht in dieser Epoque (welche
die Weissagung umfaßt) geschehen, daß sich
Gott aufs neue durch Christum verherrlichen
werde. Inmittelst der allmähligen immerwei-
tergehenden philosophischen Reformation dieses Zeitraums, soll ferner nach unsrer Weissagung unter den Großen der Erde wenig Friede
mehr seyn, und kein Hof dem andern mehr
Treu und Glauben halten. Doch immer würden bleiben Thronen und Herrschaften. Die
Macht und Größe der Fürstenhäuser werde
steigend und fallend seyn.

Jetzt kommt wieder etwas sehr dunkles,
welches nach dem heutigen Deutsch also heißt:
Wenn die weiße Blume wieder hervorblüht,
wird ein großer Adler wieder Flügel, und
etliche seiner Federn wieder bekommen. Blau

C 4   und

und Gelb wird sich vermischen, und ein anderer Adler wird über beiden Farben schweben, dieser wird sich immer weiter ausbreiten gegen Mitternacht, und über Meer und
Flüße schweben. Aber die beiden Adler werden hart an einander seyn, und doch einander nicht zu Fall bringen. Nun kömmt Weissagung, welche deutlicher zeigt, daß es England, Schweden, Dänemark und Rußland
betrift; Schweden und Dänemark nehmen zu,
das lezte besonders. Endlich vertragen sich
alle Mächte, die sich Christen nennen. Das
Kaiserthum gegen Morgen wird wieder eingenommen, und man verbreitet diese Siege weit.
Die Großen theilen nun die Erde in gleiche
Theile. (Man bedenke hier, daß zur Zeit der
Prophetin Amerika noch nicht entdeckt war!
Man bedenke, daß sie vermuthlich wenig Wissenschaft von dem Umfang der Erde und allem,
was sie außer Europa und Asien enthält,
hatte.) Doch ists bemerkungswerth, daß die-

ses, erst nach ihrer Zeit entdeckte, Amerika bereits meist unter die christlichen Mächte getheilt, also auch dieser Theil der Erde mit in
ihre Weissagung gehören könnte.

Nach dieser Theilung, welche in der Mitte
des neunzehnten Jahrhunderts vor sich gehn
solle, wird nach vielem Blutvergießen 1850
ein allgemeiner Frieden entstehn, nach welchem
die Länder einige Ruhe bekommen werden.

So weit nun geht die Weissagung! Es ist
beim Schluß derselben gesagt, daß der Verfasserin derselben von dem, was in spätern
Zeiten geschehen würde, nichts deutliches of-
fenbaret sey, aber es würden einst einem frommen Mann alle Dinge kund gethan werden,
die sich in den lezten Zeiten zutragen würden,
wovon jezt kein Gedanke in eines Menschen
Kopf und Herz käme und kommen könnte, und
es werde sich fügen, daß dieses Büchlein der
Weissagung sowohl, als jenes noch ungeschrie-
bene des frommen Mannes, welcher zur Zeit

(der Verfasserin) noch nicht gebohren sey, ans
Licht kommen werde, zur Ehre Gottes, welcher zuweilen dem Menschen zeigte, wie es nach
seiner Zeit gehen soll. Nun empfiehlt die Verfasserin ihren unsterblichen Geist in die Hände
Gottes, und hoft mit Christo, dem Herrn,
den sie als ihren heiligsten Lehrer und Erlöser
von dem Joch des Gesetzes erkennt, bald vereinigt zu werden, hoft durch ihn Gott den
Herrn, ihren Schöpfer und Erhalter, näher
kennen zu lernen, und ewig in der Gemeinschaft
der Frommen zu leben.

Das, was ich meinen Lesern hier mittheile,
ist das Wesentliche des Inhalts in der aufbe-
wahrten Abschrift des geschriebenen Buchs.
Man würde sich, wenn alles Wort für Wort
bekannt werden sollte, über vieles, was darinnen vorkommt und wirklich geschehn ist, ungemein wundern.

Das alte, fast unverständliche Deutsch
der damaligen Zeit macht das Lesen sehr
schwer,

schwer, man erräth nur durch wiederholtes
Durchgehen und Gegeneinanderhalten mit andern gleichzeitigen Schriften den Inhalt. Ich
habe sogar die hier angeführten Originalstellen
in ein Deutsch, wie es späterhin in Gebrauch
kam, übersetzt.

Ohne meine Leser zum unbedingten Glauben an Geheimnisse nöthigen zu wollen, geb
ich jedem von ihnen zu überlegen, ob dieses
Büchlein der Weissagung nicht ein Beweis sey,
daß sich Dinge zutragen, und Ereignisse mehr
als wahrscheinlich sind, wovon die Theologen
und Philosophen auf Canzeln und Cathedern und
in Schriften nicht ein Wort gedenken, die sie
auch nicht entziffern könnten. Sie gänzlich
wegzuläugnen, oder für Fabel und Schwärmerei auszugeben, ist das leichteste aber nicht
das gegründetste.

Wir haben in unserm ganz sinnlichen Zeit-
Jahrzehend besonders keine Achtung mehr für
Dinge, wie ich sie hier behandle, und doch

tragen

tragen sich noch hin und wieder sehr ernste
Geschichten dieser Art zu, nur daß sie meist
verheimlicht werden, weil es zum guten Ton
gehört, darüber zu lachen, und niemand
gern ausgelacht seyn will. Ein gewisser ehrlicher, in seiner Stadt und Gegend durchgän-
gig für vorzüglich verständig bekannter Mann,
hat einen Geist sehr oft gesehen, ist vertraut
mit ihm geworden, hat ihn gesprochen, eine
Warnung von ihm erhalten, welche er benuzte,
sehr heilsam, und das was sie in sich faßte bei der
Untersuchung ganz gegründet fand. Dieser
Mann aber spricht nur mit seinen vertrautesten
Freunden davon, weil er sich nicht wie einen Thoren will behandeln lassen. Es ist, meint er, eine
Sache, die er füglich verschweigen kann, weil es
zu nichts frommen würde, öffentlich davon zu
sprechen. So kenne ich und kannte mehrere
Personen, welche wirkliche Erscheinungen hatten, aber selten und nur mit geseztem Ernst
und im Ton der trocknen Wahrheit und Ue-
berzeu-

berzeugung davon sprachen. Es verdient bemerkt zu werden, daß alle diese, von denen hier die Rede ist, meist heitere, und nichtsweniger als zur Schwärmerei geneigte Leute sind.

Mehr als gewiß sind mir die Ahndungen, das Voraussehen gewisser Dinge, von deren Ausschlag man doch gar nichts gewisses und gegründetes wissen kann, oder den Umständen nach ihn ganz anders vermuthen muß, als er sich unserer Einbildungskraft aufdringt. Ich selbst, dessen Name, weil ich unbekannt lebe, der Glaubwürdigkeit von dem, was ich sage, so wenig zusetzen als benehmen würde, könnte davon Bände anfüllen. Nie trog mich eine gewisse Angst oder Freude, welche ich empfand, ohne daß der Anlaß dazu schon vorhanden war, nie lief bei den besten Aussichten etwas Unternommenes oder Bevorstehendes gut ab, wenn mir der Glaube an das Gute, welches ich hofte, nicht möglich war, so viel ich mir, um

ihn zu meiner Ruhe zu faſſen, Mühe gab, und
nie war etwas in ſeinen Folgen ganz betrübt
für mich, ſo ſchlimm es ſich auch ankündigte,
wenn ich dabei eine gewiſſe innere Ruhe ver-
ſpürte. Da ich oft bei der gewiſſeſten ängſti-
genden Ueberzeugung, dies oder jenes werde
nicht gelingen, oder es werde üble Folgen für
mich haben, dennoch fortfuhr, es zu betrei-
ben, weil viel Wahrſcheinlichkeit dafür vorhanden war, ſo muß ich mich ſelbſt über die
Vernachläſſigung meiner Ahndungen anklagen,
und möchte gern jeden meiner Mitbrüder er-
mahnen, auf das innere Gefühl bei jedem,
nur einigermaßen wichtigem Vorhaben genau
Achtung zu geben, und ihm zu folgen. Ich
bin zu feſt überzeugt, daß es uns alsdann
nicht täuſcht, wenigſtens hat es mich hundert-
fältige Erfahrung gelehrt, und da mir viele
unter meinen Bekannten das Nämliche einge-
ſtanden haben, ſo iſt dies faſt eine allgemeine
Gabe, die aber bei dem einen ſtärker als bei

dem andern wirkt, und bei den Meisten ver-
nachlässigt wird. Die benachrichtigende
Stimme in mir ist beständig lebendig. Ein
Brief, der mir gebracht wird, er sey von bekannter oder unbekannter Hand, bringt bei
seinem Anblick entweder Schrecken oder frohe
Empfindungen in mir hervor. Im ersten Fall
lasse ich ihn einige Minuten liegen, ehe ich ihn
entsiegle, um das Unangenehme, welches er
enthalten kann, ohngefähr zu errathen, und
mich zu fassen; im zweiten wird er eilig erbro-
chen. Und nie sah ich mich getäuscht! Erhielt ich zum Beispiel irgend ein Schreiben von
einer Person, welche mir lange Zeit keine andere als widrige Nachrichten gegeben hatte,
oder mit welcher ich in Unannehmlichkeiten ver-
wickelt war, so erbrach ich, wiewohl ich ihre
Hand und Siegel kannte, dennoch geschwind
und freudig, und fand auch Ursach zu dieser
Freude. Eben so war es, im umgekehrten
Fall, mit bisher angenehmen Briefen. Nie
fürch-

fürchtete ich umſonſt, daß ſie dießmal Trau-
rigkeiten enthalten würden, und bereitete mich
erſt auf ihren Inhalt, eh ich ſie erbrach. In
jüngern Jahren hatte ich ſehr häufig prophe-
tiſche Träume, ſo, daß meine Verwandten
und Bekannten bald völlig daran glaubten,
weil mir und ihnen nichts begegnete, welches
ich nicht in einem Traume vorausgeſehen und
ihnen ſogleich mitgetheilt hatte. Doch dieſe
Gabe hat ſich bei zunehmenden Jahren ver-
ringert; wenigſtens ſind die Bilder, die ſich
mir im Traume vorſtellen, nicht ſo klar; die
Folge erklärt mir dieſelben erſt, und es trift
ſich auch ſelten, daß ich bedeutende Träume
habe, weil die Erſchlaffung meiner Lebensgeiſter, meiſt ein gänzliches Unbewußtſeyn während des Schlafs veranlaßt. Deſto bemerk-
barer aber ſind meine Ahndungen beym
Wachen.

Ob ich nun gleich ein ſo unverkennbares
Vorherſehungs-Vermögen meiner Seele, oder

der .

der Mitwirkung eines ihr verschwisterten Geistes, von welchem sie ihre Ahndungen empfängt,
anerkennen muß, so konnte ich mich doch lange
nicht der geringsten Erscheinung rühmen, es
gehörte immer zu meinen angelegentlichsten
Wünschen, einen Geist zu sehen, ich suchte
hierzu oft Gelegenheit auf. Zu der Zeit, da
meine Einbildungskraft noch sehr stark war,
in Augenblicken, wo ich nichts als Geister
dachte und in der Nähe wähnte, ereignete
sich nicht das geringste dieser Art. Einst aber
war ich in einer mondhellen Nacht mit zwei
Freunden im Garten des Einen davon. Ohne
eine romantische Beschreibung von der Schönheit des Abends, und des mit alten Eichen
besezten Platzes machen zu wollen, von dessen
einer Seite die Aussicht Berge und Wälder
zeigte, muß ich doch anmerken, daß sie unsere
Herzen erhob, und mit einer stillen Feier dieser
Stunde erfüllte. Wir sprachen von dem, was
sich uns so wohlthuend aufdrang, von der

D Größe

Größe und Güte Gottes, von den Wundern
der Schöpfung, endlich von der Vorzeit, und
zulezt von unserm Zustand nach dem Tode des
Leibes. Ob die, so einst hier gelebt, sagte
der Eigenthümer, und diese Bäume gepflanzt
haben, uns das alles nicht besser erklären
könnten? Sie waren vermuthlich nicht Christen,
wie wir, denn manche dieser Eichen stehen gewiß gegen 800 Jahr, wo das Christenthum
in dieser Gegend noch nicht eingeführt war,
aber wenn sie gut waren, sind sie demohner-
achtet jezt selige Geister! Indem er noch die
lezten Worte sprach, säuselte es so sanft durchs
Laub, daß uns ein wohlthätiger Schauder
überlief, und alle zugleich sahen wir eine lange
weiße Gestalt uns gegen über, neben der stärk-
sten dieser Eichen stehen, deren Gesichtszüge
wir ganz deutlich unterscheiden konnten, weil
mehr als Mondenhelle um sie zu seyn schien.
Es war mehr heiter als ernsthaft, ich könnte
sagen lächelnd, dieses Gesicht, und unaus-
sprech-

sprechlich edel! Die Erscheinung beugte, als
etwas bejahend, den Kopf gegen uns. Wir
schwiegen und verwandten kein Auge von ihr,
bis wir nichts mehr sahen. Ich wünschte, es
beschreiben zu können, wie sie allmählig vor
unsern Augen verdämmerte, bis alles weg
war. Das Säuseln dauerte nach ihrem Ver-
schwinden vielleicht noch eine halbe Sekunde,
und dann erfolgte die vorige Stille. Wir
konnten die Sprache nicht sobald wiederfinden,
lange sahn wir nach dem Platz hin, wo wir
die Erscheinung gesehn hatten, endlich began-
nen wir uns zu fragen, und da jeder von uns
ebendasselbe unter den nämlichen Umständen
gesehn und gehört hatte, bemächtigte sich
Bewunderung und Freude unserer; wir wollten um alles in der Welt diese Erscheinung
nicht hingegeben haben. Wenn es nicht Wahn
ist, daß wir den, der vor unsern Augen vor-
übergeht, oder uns gegenüber steht, bei ofnen
Augen sehen müssen, so ist es auch keiner, daß

D 2. ich

ich diese Erscheinung sah. Eben mit dieser
Ueberzeugung konnten es die beiden andern
versichern; und da wir alle bei kaltem Blute
waren, die Phantasie auch nicht durch Bilder,
welche wir ihr aufdrangen, oder durch den
heftigen Wunsch einen Geist zu sehen, gereizt
hätten, so konnte diese Begebenheit ohnmög-
lich bloße Einbildung seyn. Einer aus unserer
kleinen Gesellschaft, welcher vorher ganz gegen alle Geistergeschichten eingenommen war,
Schwedenburgen aber aus bloßer Neugier
längst gern gesehen hätte, übernahm kurz nach
diesem Vorgang mit Freuden Handlungsge-
schäfte nach Schweden, um bei dieser Gelegenheit die Bekanntschaft dieses Mannes zu
machen, welcher ihm jezt glaubwürdig schien.
Verschiedenemal hatte ich mich mit diesem meinen Freund über Schwedenburgen gestritten,
wir lasen ihn zusammen, und je weiter wir
kamen, je mehr Chimäre fand jener. Ich selbst
mußte gestehen, daß manches lächerlich und
sogar

sogar kindische Schwärmerei war, und doch
konnte mich dieses Urtheil nicht ganz überzeugen, daß der Verfasser ein Thor oder Betrüger wäre, da ich so viel von seinem biedern,
ofnen und freundlichen Wesen, so viel von
unverkennbaren Beweisen, daß er im Umgang
mit Geistern sey, gehört hatte. Mein Freund
reißte also hin, machte seine Bekanntschaft
und schrieb im Ton der wärmsten Ueberzeugung von Schwedenburgs Geisterseherei, von
seiner Vertraulichkeit mit ihnen. Er hätte
ihn, schrieb er, davon sprechen hören als von
einer Sache, welche ihm gewöhnlich und angenehm wäre, aber darum ihm keinen Vorzug
vor andern Menschen gäbe, die er vielmehr
durch die gewisse Ueberzeugung der gemein-
schaftlichen höhern Würde um so mehr schäzte
und liebte. Zugleich aber betrübte ihn die
Ausartung des Menschengeschlechts ungemein;
wo er von Verbrechen und Handlungen, die
ein schlimmes Herz bewiesen, hörte, entsezte

D 3   er

er sich und zeigte tiefen Kummer. Bei Fehlern
der Leidenschaften hingegen urtheilte er nach-
sichtiger. Er nahm keinesweges die Miene
eines Sehers an, drang sich mit seinen Ge-
heimnissen nirgend auf, man sahe, daß er
keine Absichten, sich wichtiger oder reicher zu
machen, hätte. In Gesellschaften war er heiter und scherzhaft. Dies ist das Urtheil, welches mein Freund von ihm fällte; und als er
zurückkam unterhielt er uns oft von diesem
Manne, den er liebgewonnen hatte, und sehr
hochschäzte. Doch meinte er, daß vielleicht
manches, was in seinem Werk enthalten ist,
Wirkung der hinreissenden Neigung zur Sache
seyn könnte. Er hatte sein Geisterstudium in
ein System gebracht, bei welchem ihm die Einbildung da half, wo er etwa Dunkelheit fand,
und so entstand sein Buch. Daß aber die Sache selbst gegründet war, bestätigte ein Beweis,
den mein Freund selbst nahm, bei dem er nun
auch den Beweisen, die andere empfangen hat-

ten, und die zum Theil bekannt sind, um so
gewisser Glauben geben konnte. Er hatte einige Jahre vorher seinen Vater verlohren,
welcher bis an sein Ende einen unversöhnlichen
Haß gegen jemand aus der Familie gehegt
hatte. Er erwähnte die Bedrückungen dieser
Person noch einen Tag vor seinem Tode: „ich
jezt bin kühler, sagte er, aber dahin kann ich nicht
kommen, ihr gewogen zu werden; vielleicht
daß ich dort anders denke, wenn ich meiner
selbst, und derer, die zurückbleiben, und überhaupt der irdischen Vorgänge bewußt bin."
Meinem Freunde fiel dies ein, als er bei Schwedenburgen war. Er wußte, daß dieser weder
ihn noch seinen Vater je gekannt hatte, und
eben so wenig von ihren Familienumständen
wissen könne; um desto überzeugender für oder
wider den Mann, meinte er, würde die Ant-
-wort seyn, die er ihm, diesen Punkt betreffend,
von seinem Vater brächte. Also bat er ihn,
wo möglich Nachricht einzuziehen, wie sein

Vater

Vater über einen gewissen wichtigen Punkt
dächte, von welchem er den vorlezten Tag
seines Lebens mit ihm und seiner Mutter gesprochen hätte. Schwedenburg verwieß ihn
bis auf den folgenden Tag. Mein Freund
ließ sich Vormittags um 11 Uhr bei ihm sehen.
„Ihr Vater, rief er ihm entgegen, wartet
auf die sonst gehaßte Person, welche er jezt
aus einem andern Gesichtspunkt betrachtet,
um sich mit ihr auszusöhnen. Was sie an
ihm sündigte, geschah aus Vorurtheil, sie ist
nicht boshaft, aber schwach und von ihren
Meinungen eingenommen. Diese Person wird
bald bei ihm seyn, Sie finden sie nicht wieder.
Und ich soll Ihnen auch von Ihrem Vater den
Befehl bringen, sich nicht zu lange aufzuhal-
ten, weil Ihre Gegenwart zu Hause nöthig
wäre." Auf diese Nachricht eilte mein Freund
in fester Ueberzeugung mit seinen Geschäften,
und gieng 10 Tage nach der erhaltnen Nachricht aus Schweden ab, Die Person, deren

nahen

nahen Tod er verkündigt hatte, war etwa 6
Tage vor meines Freundes Ankunft gestorben,
und in seinem Hause fanden sich Umstände,
die ihm nur zu sehr bewiesen, wie nothwendig
seine Rückkehr gewesen war. Er könnte eben
noch Maßregeln treffen, die häusliche Ruhe
und Ordnung wiederherzustellen. Nun war
es natürlich, daß wir alle festen Glauben an
Schwedenburgs Umgang mit Geistern hätten,
und überhaupt überzeugt wurden, daß unsere
Verstorbenen noch exiſtiren und Nachrichten
von uns nehmen können.

Dies iſt es alles, was ich dem Leſer als eigne
Erfahrung mittheilen kann. Es wird vielleicht den wenigſten wahr ſcheinen; auch hätte
ich es ohne den Anlaß, welchen mir die entdeckte Weiſſagung gab, über dieſe Materie zu
ſchreiben, nie öffentlich bekannt gemacht. Da
ich dieſe Blätter nicht mit denen ſelbſt gemach-
ten Erfahrungen angefangen, da ich überhaupt
meine eignen Meinungen über das, was in

das Reich der Geheimniſſe gehört, hier nicht
im entſcheidenden Tone der Gewißheit vorgetragen, und auch meinen Namen nicht bekannt
mache, ſo wird mich hoffentlich niemand durch
Anſchuldigungen von der oder jener Abſicht beleidigen. Ich habe oben geſagt, daß ich und
zwei meiner Freunde von unſerer Fortdauer,
und von unſerer bleibenden Verbindung mit
den Unſrigen überzeugt wurden, und ſetze nun
hinzu, daß ich mich freue überzeugt zu ſeyn,
und herzlich wünſche, alle gute Seelen möch-
ten es auch ſeyn; weil es die Hauptlehren der
Religion beſtätigt, und die Ehrfurcht dafür,
ſo wie die Liebe zu Gott und den Ernſt der
Anbetung dieſes heiligſten Weſens, vermehrt.
Auch hält es uns von jenem Leichtſinn im Handeln ab, der bei blos ſinnlichen Grundſätzen
nur zu leicht überhand nimmt, wie ſehr man
auch behaupten will, daß man keine Religion
und Fortdauer glauben, und doch moraliſch
gut handeln könne. Wenn wir dies überhaupt
vernein-

verneinten, so würden wir in den Fehler jener
schwachköpfigen Glaubenseiferei zurückfallen,
welche alles verdammen, was sich nicht zum
Christenthum bekennt; wir müßten dann so
viel edle und gute Menschen, die gelebt haben,
so viel redliche Seelen unter den Nichtchristen,
welche jezt leben, für höchst unglücklich, und
Gott für ungerecht und grausam halten. Allein wenn wir den Lohn, den sie einst empfangen, und wovon ohne Zweifel ein großer Theil
in besserer Erkenntniß bestehn wird, nach dem
Werth und der Ausübung ihrer Tugend bestimmen, so kann dies doch kein Bewegungsgrund für uns seyn, deswegen den Lehren des
Christenthums Glauben zu versagen, weil jene
ohne dieselben Verdienste haben. Wenn ist es
wohl einem Gelehrten eingefallen, alle seine
Kenntnisse zu verläugnen und zu verwerfen,
weil Leute aus dem Volkshaufen, die nie Gelegenheit hatten, etwas zu lernen, ihren guten Verstand, bis zur Verwunderung ausbil-

beten? Ein solcher bedarf doch vielmehr noch
immer den weitern Unterricht des Gelehrten,
um seine noch schwankenden Begriffe zu berich-
tigen und festzusetzen. Eben so ist es mit den
Guten und Weisen unter den Nichtchristen.
Jene von uns allen verehrten Gelehrten der
Griechen und Römer beweisen, wie fähig der
Geist des Menschen ist, seine Begriffe auszu-
bilden, aber wir können auch nicht läugnen,
daß vieles, was sie, höhere Wissenschaften
betreffend, behaupteten, bei genauerer Untersuchung der neuern Gelehrten nicht Stich hielt,
daß diese sie mit einer Klarheit, wovon sich
jene nichts träumen ließen, in zuverlässige
Systeme brachten. Und diese neuere Gelehrte
waren und sind Christen. Das Christenthum gab
Anlaß zu einem ganz neuen Studienplan, welcher immer weiter führte. Indem die Lehren
desselben Sittlichkeit und Pflichterfüllung enthielten, ward Verstand und Denkungsart ge-
bildet, und indem diese sittlich wurde, öfnete

gebrachten Unterricht. Dieser ward immer beſ-
ſer, jemehr fähige Köpfe in immer hellere Erkenntniß durchdrangen. Nicht die ſtrafbare
Vermiſchung der Chriſtenlehren mit abſurden
Fabeln, nicht die Tyrannei der Geiſtlichkeit,
welche doch fähig geweſen wäre, eine völlig
unaufhellbare Finſterniß in den chriſtlichen
Provinzen zu verbreiten, hat das Hervortre-
ten großer Männer faſt in jeder derſelben, verhindern können, welche nicht das Chriſten-
thum verwarfen, ſondern ihren Mitbrüdern
ſeinen eigentlichen Sinn mitzutheilen ſtrebten,
und die meiſten davon haben ſich um die Wiſſenſchaften überhaupt verdient gemacht. Nach
der Lutheriſchen Reformation erwachten dieſe,
wie ein edles Geſchlecht, welches lange in Feſ-
ſeln lag und nur vegetirte, durch endliche Befreiung nun zum thätigen Leben erwacht. Das
in ſeiner Reinheit aufgeſtellte Licht der Religion
leuchtete nicht nur in Glaubensſachen, ſondern
auch bei andern edlen Wiſſenſchaften vor. Es

gehörte

gehörte freilich einige Zeit dazu, ehe dies alles gereinigt von Vorurtheil und Kleingeist
erschien; aber jezt hat die Vernunft jede Fessel
abgeworfen, jezt scheint sie die Höhe erreicht
zu haben, auf der sie alles aus einem richtigen
Gesichtspunkt betrachtet; nur ist zu wünschen,
daß eben diese nie stillstehende Vernunft in ihren philosophischen Betrachtungen nicht zu weit
gehe, und indem sie immer mehr Licht sucht,
das wirkliche wegwerfen, und dafür einem
täuschenden Glanz nachgehn möge, welcher
die Religion mit ihrer einfachen Würde gänzlich verdrängt. Eine solche Undankbarkeit
gegen sie, die reinste und reichste Quelle, aus
welcher alle Aufklärung geflossen ist, eine solche Beschädigung des Nutzens unserer Moral,
welche doch eigentlich von der Religion aus-
geht, ist nicht zu wünschen, aber nur zu sehr
zu fürchten. Welche Ausartung des Menschengeschlechts würde nicht hieraus folgen, und
mit ihr Unsicherheit und Verderben desselben,

worauf

worauf denn wieder Barbarei und Finsterniß folgen würde.

Es wird meinen Lesern vielleicht nicht gänzlich mißfallen, wenn ich diesen Blättern eine Geschichte einverleibe, welche mir als Beitrag zu den hier erzählten Geistererscheinungen vollständig gespendet ward.

Im Fränkischen Kreis lebte in den dreißiger Jahren dieses Jahrhunderts eine adeliche Familie, die anfangs aus mehrern Mitgliedern bestand, endlich aber bis auf eine Witwe und eine einzige Tochter ausstarb. Die Mutter mußte das Guth, weil es nach dem Tod ihres lezten Söhnchens, als Mannslehn, an einen Verwandten fiel, räumen, und lebte von ihrem sehr kleinen Witwengehalt mit ihrer Tochter in einem kleinen Städtchen; wo sie dieser eine möglichst gute Erziehung, und selbst das beste Beispiel einer Gottesfurcht und ungeheuchelten Tugend gab. Als dieses, auch seiner Schönheit wegen, liebenswürdige Mädchen

achtzehn

achtzehn Jahr alt war, starb die gute Mutter. Ihre in dieser Welt ausgestandene Leiden hatten auf diese weiche und fast zu sehr empfindliche Seele zu stark gewirkt, als daß sie nicht einen fortdauernden Tiefsinn hätten zurücklassen, und ihre Sorge schwächen sollen. Die Sorge um ihre verlaßne Tochter vermehrte ihren Gram. Sie hatte die lezten Jahre ihres Lebens eine Ahndung, welche sie nicht los werden konnte, und nach welcher diese Tochter durch Heirath unglücklich werden würde. Oft sprach sie mit ihr davon und beschwur sie, wo sie sich auch aufhalten würde, und welche gute Aussichten und Hofnungen ihr auch irgend eine junge Mannsperson zeigen möchte, sich nie ohne die sorgfältigste Prüfung, ohne den Rath ihres Freundes — eines Predigers, dem sie anvertraut werden sollte — in eine Verbindung einzulassen. Einige Tage vor ihrem Tode, als der Prediger sie besuchte, sagte sie: „Einziger Freund! lassen Sie sich Henriettens Herz

Herz empfohlen seyn, bewahren Sie daſſelbe
ſo lange ſie bei Ihnen iſt. Sie iſt tugendhaft,
ich darf mich darauf verlaſſen, aber ihr Herz
hängt ſich leicht an, es ſchaudert mir vor dem
Gedanken, daß es einem Unwürdigen zu Theil
werden könnte, der ſich etwa in einen Engel
des Lichts verſtellt, und ich fürchte es. Sie
hat kein Vermögen, folglich wird ſie von Män-
nern, die auf eine Außſteuer ſehen müſſen, nicht
geſucht werden; aber ſie iſt hübſch und gefällt
dem andern Geſchlecht, alſo könnte es doch
wohl kommen, daß einer oder der andere die
Augen auf ſie würfe. In dieſer Gegend iſt
das nun wohl nicht zu fürchten. Aber Sie können das Mädchen ja nicht immer bei ſich behalten, Sie müſſen ſuchen dieſelbe als Wirthſchafts-
oder Geſellſchafts - Fräulein unterzubringen,
und es könnten ihr dann Gelegenheiten aufſtoßen.
O Freund! Henriette hat mir verſprochen,
Sie, wenn ſolch ein Fall eintreten ſollte, zu
Rathe zu ziehen, ich weiß, ſie wird Wort halten.

Ver-

Verſprechen Sie mir nun auch, alsbann eine
Reiſe zu wagen, um genaue Erfundigung nach
dem Manne, der ſie heirathen will, einzu=
ziehen."

Der Prediger verſprach es, und die gute
Mutter war einigermaßen beruhigt; doch we=
nige Stunden vor ihrem Tode äußerte ſie noch=
mals dieſe ängſtliche Sorge um Henrietten,
und wünſchte, ſie mit in jene Welt nehmen zu
können.

Untröſtlich über den Verluſt ihrer Mutter,
wäre auch Fräulein Henriette ihr gern ins
Grab gefolgt, als dieſe theure Mutter nun
dahin war. Ihr Schmerz war grenzenlos,
und nur der ſo liebreiche als vernünftige Zu=
ſpruch ihres jetzigen Beſchützers, des erwähn=
ten Predigers, war vermögend, ſie einigerma=
ßen zu beruhigen.

Sie brachte beinahe ein Jahr bei dieſem
redlichen Manne zu, er ſowohl als ſeine Frau
hätten gewünſcht, ſie immer bei ſich behalten

zu können, da sie aber selbst eine zahlreiche
Familie hatten, und es auch der Vernunft
gemäß war, Henrietten in eine Laufbahn zu
bringen, wo sie vielleicht auf Lebenslang Ver-
sorgung fände, so war der Prediger darauf
bedacht, und gab allen seinen Bekannten von
Wichtigkeit Aufträge sie zu empfehlen.

Seine Absicht war, sie an einen kleinen
Hof, oder wenigstens in ein großes Haus zu
bringen. Es giebt im Reiche öfters Gelegenheit zu Erreichung einer solchen Absicht, und
der Pastor war auch so glücklich, ein großes
gräfliches Haus für seine Pflegetochter zu finden, mit welchem sie sogar verwandt war, wo
sie als Gesellschafts-Fräulein aufgenommen
ward. Der Umstand, daß dieses Haus von
dem Ort, wo der Pastor lebte, nicht weit ent-
fernt war, beruhigte ihn und Henrietten ungemein. Nun konnten, im Fall sich etwas
nach der Ahndung der Mutter ereignete, beyde
das ihr gethane Versprechen erfüllen.

Henriette befand sich bei ihren neuen Be-
schützern sehr wohl, und einige Zeit verstrich
ihr in vollkommener Ruhe. Wie glücklich
wäre das gute Fräulein nicht gewesen, wenn
diese Ruhe nicht durch die Erscheinung eines
jungen Edelmanns unterbrochen worden wäre,
welcher in der dortigen Gegend viel Aufsehen
machte. Er ließ sich in einer großen Stadt,
nicht weit von dem Orte nieder, wo die gräfliche Familie wohnte, bei welcher Henriette
sich befand. Seine Figur, seine Sitten und
sein Verstand waren liebenswürdig, eine bril-
lante Einrichtung, die doch aber nicht von
Verschwendung und allzugroßer Prachtliebe,
vielmehr von einem gesezten Geiste zeugte, vollendete seinen guten Ruf. Jeder schäzte sichs
zur Ehre, mit dem Baron Ostenheim in Umgang zu kommen. Henriette war mit dem
Grafen, seiner Gemahlin und Töchtern in
der Stadt, wo er sich aufhielt, einst auf einem Ball, und dort machte er ihre Bekanntschaft.

schaft. Er selbst gab einige Tage nach diesem
Ball ein Fest, wozu er das Gräfliche Haus
einlud. Henriette hatte vom ersten Augen=
blick an, da er sie sah, seinen Beifall, und
da auch er einen noch nie gefühlten Eindruck
auf ihr Herz gemacht hatte, so war sie über
die Gelegenheit, ihn wiederzusehen, sehr er=
freut. Er ward, wie natürlich, von der
gräflichen Familie wieder gebeten, und wurde
bald ein genauer Bekannter, ein geschäzter
Freund dieses Hauses.

Seit Henriette in demselben Gelegenheit
gehabt hatte, mehr Bekanntschaften zu machen,
als es in ihrer vorigen Dunkelheit geschehen
konnte, hatten sich auch verschiedene Liebhaber
gefunden. Einer derselben war ein gesezter
Mann, welcher ihr, wo nicht einen glänzen=
den Zustand, doch ein hinlängliches Auskom=
men geben konnte. Der Graf und die Gräfin
baten ihn oft in ihr Haus, und bezeugten Hen=
rietten, daß sie es sehr gerne sehen würden,

wenn dieſer brave Mann, wie ſie Hofnung
hätten; ihr ſeine Hand anbieten ſollte. Henriette hätte ſie freilich nicht ausſchlagen dürfen; aber ſie empfand nicht die geringſte Neigung für ihn, und wünſchte heimlich, daß
ihr Pflegevater etwas Gefährliches an ihm entdecken möchte. Doch, da er noch keinen förmlichen Antrag gemacht hatte, wollte ſie dieſem
die Sache nicht zu früh melden. Ein anderes
war es mit dem Baron Oſtenheim; jemehr ſie
ihn ſahe, deſto ſtärker ward ihr Herz von ihm
eingenommen, und innige Wonne machte ihr
die Entdeckung, daß auch er ſie liebte. Dieſe
Liebe zeigte Oſtenheim nicht mit jener Zuverſicht,
wozu er als ein reicher Mann gegen ein ſo ar-
mes Mädchen berechtigt ſchien; ſie war von
Schüchternheit und Ehrfurcht begleitet, und
lange wagte er kein vollſtändiges Bekenntniß.
Der Graf, die Gräfin und die jungen Gräfin-
nen bemerkten es indeſſen, und obwohl Baron
Oſtenheim vielleicht auch bei den leztern nicht

wäre abgewiesen worden, so dachten sie doch
alle zu edel, und liebten Henrietten zu sehr,
um über den Vorzug, den er ihr gab, miß-
muthig zu seyn. Sie wünschten ihr Glück,
und es war nun nicht mehr die Rede von jenem ehrlichen Manne, welcher das Fräulein
würkiich liebte, aber sogleich zurücktrat, als
er die Absichten des Barons und Henriettens
Neigung zu diesem bemerkte. Sobald die Bekanntschaft mit ihm bedeutend zu werden an-
fieng, schien es Henrietten fast jeden Tag,
wenn sie einsam war, als ob sie die Stimme
ihrer Mutter hörte: es waren immer Klage-
töne, welche sie vernahm. Sie schauderte
jedesmal zusammen, da sie aber öfters an sie
dachte, und bei aller Liebe zu ihrem Ostenheim
doch immer eine innere Angst fühlte, so glaubte
sie sich selbst nicht, sondern hielt es entweder
für Würkung ihrer Phantasie, oder für Schall,
der von irgend einer natürlichen Ursache her-
käme, und von ihrer Einbildung zur mütter-

Ohngefähr 3 Monate hatte sie den Baron
gekannt, als sie ein Schreiben von ihm, und
in demselben den förmlichen Heirathsantrag
erhielt. Es war der Ausdruck der reinsten
Tugend und des größten Edelmuths, der un-
verstelltesten Aufrichtigkeit bei der zärtlichsten
Liebe, den sie hier vor Augen hatte. Ihr
Herz bebte vor Freuden, sie dünkte sich die
glücklichste Sterbliche. Sogleich eilte sie mit
diesem Briefe zu der ältesten Tochter vom
Hause, ihrer vertrautesten Freundin. Im
Davoneilen hörte sie die Stimme ihrer Mutter,
die ihren Namen nannte, aber selbst in dem
Augenblick, wo sie darüber erschrak, hielt sie
es wieder für das Rufen der jüngern Comteß,
und antwortete: „ich komme bald.“ Die äl-
tere Comteß freute sich mit ihr über den Brief
des Barons, beide begaben sich nun zur Gräfin Mutter, welche ihr Glück wünschte, einen
so würdigen Mann zum Gemahl zu bekommen.
Er hatte in seinem Briefe, ohne von großen

Reichthümern zu prahlen, gesagt, daß er Vermögen genug besäße, um Henrietten das Leben leicht und angenehm machen zu können,
und sie auch nach seinem Tode zu versorgen,
und hatte unter andern eines Guthes gedacht,
welches er von einem kleinen Theil seines Vermögens im Schwäbischen Kreise angekauft
hätte, auf welchem Henriette, wenn sie wollte,
mit ihm im Sommer und einst als Witwe leben könnte, wenn es ihr in der großen Welt
nicht mehr gefallen sollte. Dies alles war
schön, auch fand es die Gräfin so. Und da
auch der Graf derselben Meinung war, so warb
beschlossen, daß Henriette ihm sogleich wieder
schreiben, ihre gegenseitige Neigung bekennen
und zugleich einladen sollte, um alles übrige,
was sein Brief enthielt, welchen der Graf und
die Gräfin vollkommen billigten, unter ihrer
Genehmigung zu beantworten. Henriette
war nur allzu geneigt, dieses ohne Aufschub
zu thun; allein, indem sie schon auf ihr Zim-

mer gehen wollte, um diesen Brief zu schreiben, fiel ihr plözlich der Wille ihrer Mutter
ein, daß sie keine Verbindung eingehen sollte,
ohne daß ihr väterlicher Freund den Mann
genau geprüft hätte; daß sie ihrer Mutter
Stimme gehört, eben deswegen gehört hatte,
schien ihr jezt wahrscheinlich); sie konnte es
auch nun seyn, welche sie vorhin gerufen hatte.
Dies alles trat plözlich ihr ins Gedächtniß,
sie erröthete vor Schreck und Ahndung, und
blieb unentschlossen stehen. Es ward bemerkt,
und Henriette sollte von diesem Betragen Re-
chenschaft geben. Da die edlen Mitglieder
dieses Hauses ihr so viel Güte und Theilnahme
bewiesen, hielt es Henriette für billig, ihnen
alles zu gestehen. Der Graf lachte über ihre
Einbildung von der Mutter Stimme, und
hielt es zwar für eine natürliche und billige
Vorsorge der Mutter, ein junges und uner-
fahrnes Mädchen den bessern Einsichten eines
bejahrten klugen Mannes zu unterwerfen, wenn

es besonders einen so wichtigen Schritt, als
die eheliche Verbindung auf Lebenszeit beträfe.
„Aber, sezte er hinzu, ihre Mutter konnte nicht
wissen, daß Sie in unserm Hause eine Gelegenheit, sich zu verheirathen, finden würden,
sonst hätte sie uns wohl auch zugetraut, daß
wir einen Mann, der sich um Sie bewürbe,
prüfen könnten, und wenn sie noch dazu unsere
redliche Wohlmeinung hätte voraussehen können, so würde sie nicht geglaubt haben, daß
wir Ihnen etwas schlimmes rathen könnten.
Aber schreiben Sie Ihrem geistlichen Vater,
er kann nach R. reisen, und sich nach dem
Baron Ostenheim erkundigen; die ganze Stadt
schäzt ihn. Er kann ihn selbst kennen lernen,
und wenn er ihn Ihrer nicht würdig findet,
dann ist der Herr Pastor schwer für seine Em-
pfohlne zu befriedigen." Der Graf hatte dieß
leztere in ziemlich verdrüßlichem, etwas spöt-
tischem Tone gesagt, Henriette war besorgt,
ihn beleidigt zu haben, ihr Herz widersezte sich
ohnehin

ohnehin jeder Verzögerung der Zusammenkunft
mit dem Geliebten. Aus diesem doppelten
Grunde erklärte sie, daß sie auf nichts warten, sondern blos seinem und seiner Gemahlin
Rathe folgen und sogleich schreiben wolle. Man
gab ihr zu verstehen, daß sie daran wohlthun
würde; sie eilte also und schrieb.

Lange blieb sie diesen Abend im Zimmer
der ältesten Tochter vom Hause, wohin auch
die jüngste kam. Es wurde von ihrer vor-
seyenden Verbindung gesprochen, und darüber auch zuweilen gescherzt. Doch nicht lange
blieb Henriette ruhig und heiter, es bemächtigte sich ihrer eine Unruhe, die zu immer hef-
tigerer Angst wurde. Sie wünschte mit ihrer
Freundin Charlotte, der ältern Comteß allein
zu seyn, um ihr Herz ausschütten zu können
und vielleicht dadurch etwas Ruhe zu erhalten,
aber es kam nicht dazu. Da ihr endlich das
allzumuntere Wesen der jüngsten Gräfin zur
Last ward, begab sie sich in ihr Zimmer. Hier

hatte

hatte sie sich eben ausgekleidet und wollte sich
zu Bette legen, als sie ihre Mutter gegenüber
stehen, und mit dem Finger drohen sahe. Sie
sank auf den Stuhl und schloß die Augen. Es
überfiel sie ein heftiges Zittern, fast war sie
ihrer Sinne beraubt; lange saß sie so da ohne
nur eines ruhigen Gedankens fähig zu seyn.
Sie hatte nicht das Herz, die Augen aufzu=
thun, und würde ohne Zweifel auch so bald
nicht zu sich selbst gekommen seyn, wenn nicht
ein anderer Schreck sie geweckt hätte. In dem
Augenblick, als sie den Geist erblickte, hatte
sie das Licht in der Hand, um etwas am Rande
des Tisches, welcher zwischen zwei Fenstern
stand, zu suchen. Da sie nun die Erscheinung
hatte, warf sie das Licht aus der Hand, es
fiel an den Vorhang, dieser war nicht nur
angebrannt, sondern hatte auch alles, was
auf dem Tische lag und die Vorhänge links
und rechts ergriffen, ohne daß Henriette es
gewahr worden war. Aber nun wurde im

Hofe von dem Wächter Feuer geschrieen, sie
fuhr auf, schlug die Augen auf, und sah, daß
es in ihrem Zimmer brannte. Sie selbst, die
ziemlich nahe am Tische saß, hätte sehr leicht
können ergriffen werden. Sie gestand nachher,
daß sie den Dampf und Geruch des Feuers wie
im Traume empfunden, auch das Feuer bei
verschloßnen Augen durchschimmern sehen, aber
nichts dabei gedacht hätte. Jezt mußte sie die
Thür öfnen, und es wurde ein Lerm im
Schloß, der die ganze noch übrige Nacht
dauerte. Sie fühlte sich krank, konnte sich
aber erst gegen Morgen im Zimmer ihrer
Freundin zu Bette legen, welcher sie nun den
ganzen Vorgang erzählte, um überhaupt ihr
Herz wegen aller ihrer Besorgnisse, die mit der
heftigen Liebe zu Ostenheim stritten, zu ergie-
ßen. Charlotte nahm den größten Antheil,
und rieth ihr, sobald sie nur könnte, dem Prediger zu schreiben. Aber dieses konnte nicht
so bald geschehen. Henriette war wirklich
krank,

krank, der doppelte starke Schreck der vorigen
Nacht bewürkte ein heftiges Fieber, welches
durch die Furcht, daß der Graf und die Gräfin wegen des Feuers, das sie doch verursacht
hatte, auf sie zürnen würden, unterhalten
wurde. Charlotte, welche herzliches Mitleid
mit ihr hatte, übernahm es, sie zu entschuldi-
gen so gut sie konnte, ohne der Erscheinung
zu gedenken, um deren Verheimlichung Henriette bat, weil sie sich vor dem Spott des
Grafen fürchtete. Charlotte billigte die Ver-
schweigung auch aus diesem Grunde, weil
Ostenheim sie leicht für eine Schwärmerin halten, und also etwas lächerliches an ihr finden
möchte. Henriette war nun in tausendfacher
Unruhe! Der Geist konnte sie, was ihr auch
die Liebe zu Ostenheim dagegen sagte, gewarnt
haben, und doch widersezte sich ihr Herz dem
Gedanken, daß sie ihn gefährlich finden und
vermeiden sollte. Auch ließ sich dies ohne
Entdeckung ihrer Zweifel nicht thun. Diese
aber

aber würde der Graf verachten und Oſtenheim
übelnehmen. Er kam noch dieſen Tag, aber
Henriette war zu krank, um ihn ſprechen zu
können, doch der Vorgang der Nacht entſchul-
digte ſie völlig. Man hatte nicht verſäumt,
ſogleich als Charlotte berichtete, wie krank ſie
wäre, nach einem Arzt zu ſchicken, welcher
den ganzen Tag und die folgende Nacht bei
ihr blieb. Seinen Bemühungen kam die Nachricht, die ihr Gräfin Charlotte gab, daß
Oſtenheim da wäre und über ihre Krankheit
die lebhafteſte Betrübniß zeigte, unendlich zu
Hülfe. Sie verkündigte ihr, daß ihre Eltern
ihn gebeten hätten, dieſe Nacht und überhaupt
ſo lange, als die Krankheit dauerte, zu bleiben, weil er doch, wenn er im Hauſe wäre,
oft Nachricht von ihr haben, und ſie bei der
erſten leidlichen Stunde ſprechen könnte. Er
hatte dieſe Erlaubniß mit Freuden ergriffen,
und Charlotte hatte alle Augenblicke nach ihr
geſehen, um ihm die Nachricht zu bringen,

daß

daß der Arzt keine Gefahr befürchtete, und
daß das Fieber abnähme. Er hatte auch den
Arzt selbst gefragt, sich aber auf dessen Zeugniß und auf das Zureden der ganzen Familie
kaum etwas beruhigt. Dieses alles hinter-
brachte die gütige Charlotte ihrer Freundin,
sobald sie völlig bei sich war. „Sie sehn also,
sagte sie, wie stark Sie geliebt sind, auch hat
die gesezte sanfte Art, womit er seinen Kummer
zeigt, die Verlegenheit, uns andern damit
unartig zu scheinen, mich und alle aufs neue
für ihn eingenommen.“ — „Ja, sagte Henriette mit matter Stimme, er ist gewiß ein ed-
ler Mann, der mich nicht betrügen wird!“
„Nein, versezte Charlotte; allein schreiben
Sie doch an Ihren Pflegevater, damit Sie
ruhig werden. Ich will in Ihrem Namen
schreiben. Er mag herkommen.“ — „Aber
was wird Ihr Herr Vater sagen?“ — „Wir
lassen ihn von ohngefähr gekommen seyn.“
Dieser Plan ward angenommen, und beruhigte

F   Hen-

Henrietten vollkommen. Die Hofnung, daß
der Prediger den Baron nach der strengsten
Untersuchung so vortreflich finden würde, als
alle andere, die Freude, von diesem durchgän-
gig geschäzten Mann so sehr geliebt zu seyn,
ihn, den selbst so heiß Geliebten im Hause,
und von ihrer Freundin Charlotte aufs neue
bewundert zu wissen, dies alles trug zur Min-
derung ihrer Krankheit bei. Man findet das,
was man wünscht, nur zu gern wahr, daher
überließ sich Henriette den Vorstellungen ihrer
Freundin, und glaubte, daß die Erscheinung
ihrer Mutter wohl blos Einbildung, und
diese Wirkung der Angst seyn möchte, von welcher sie, schon ehe sie auf ihr Zimmer kam, befallen worden war. Sie fieng also an alle
Furcht der Gefahr, wegen der Verbindung
mit dem Baron, als Chimäre anzusehen.
Gräfin Charlotte hatte ihr den Schluß machen
helfen: daß der Eindruck, den die Sorge ihrer
Mutter über eine zu befürchtende unglückliche

Ehe

Ehe bei ihr zurückgelaßen, all die Angst und
die Einbildung, als hätte sie ihrer Mutter
Stimme gehört und sie selbst gesehen, verursacht habe, daß dieses, weil von einer Verbindung die Rede sey, und sich ihre Gedanken
neuerlich mit den Ahndungen der sel. Mutter
beschäftigten, um so natürlicher wäre.

Fast gänzlich beruhigt, nahm nun Henriette einen Besuch des Barons noch als Patientin an; die Gesellschaft des ganzen Hauses,
welche ihn begleitete, hätte sie nicht abgehalten, sich da schon förmlich mit ihm zu versprechen, weil es von allen gebilligt wurde. Aber
Ostenheim begnügte sich in diesen wenigen
Stunden mit dem Vergnügen, sie leiblich zu
finden, und die Hofnung zu erhalten, daß sie
bald wieder bei der Gesellschaft erscheinen
würde. Auch diese Bescheidenheit, welche alle
an ihm rühmten, nahm Henrietten aufs neue
für ihn ein. Die Freude, welche über ihre
Besserung aus seinen Augen gläuzte, und die

F 2   zärt-

zärtliche Besorgniß um sie, die er so ganz ohne
Affektation äußerte, ließen sie nun an nichts
mit größerer Gewißheit glauben, als an das
nie möglich geglaubte Glück, welches sie als
Gattin eines so bezaubernden Mannes erwar-
tete. Ihr väterlicher Freund ließ nicht auf
sich warten; sobald er Charlottens Brief erhalten hatte, eilte er, und fragte, da er ankam, zuförderst nach der Gräfin Charlotte,
welche ihm diese Behutsamkeit empfohlen hatte.
Sie unterhielt sich also mit ihm von dem Glück,
welches ihrer Freundin bevorstände, und was
ihr, die Erscheinung betreffend, begegnet
wäre. „Ich kenne, sagte dieser, Henriettens
Lebhaftigkeit in ihren Einbildungen; es kann
seyn, daß blos diese hier im Spiel ist, ja ich
glaube es vielmehr gewiß. Indessen wird es
mir lieb seyn, ihren Geliebten kennen zu lernen; ob ich mir gleich nicht einbilde, ihn besser prüfen zu können, als Sie allerseits, die
ihn, wie Sie mir sagen, so hochschätzen. Ich
freue

freue mich schon im voraus, meine liebe Henriette durch ihn glücklich zu sehen.“ In dieser
Stimmung begab er sich zu der meist herge-
stellten Patientin, und beruhigte sie immer
mehr, doch versprach er ihr, mit dem Baron
die möglichst genaue Bekanntschaft zu machen.
Charlotte hatte ihn indeß bei ihren Eltern ge-
meldet; diese fanden es sehr begreiflich, daß
der Prediger von dem Vorgang wegen des
Feuers und von der Krankheit seiner ehemaligen Pflegetochter Nachricht erhalten hätte,
und sie zu besuchen kam. Sie ließen ihn einladen, der Graf stellte ihn selbst dem Baron
Ostenheim als den väterlichen Freund seiner
Geliebten vor, und da dieser ihm in einer solchen Würde viel Achtung bezeigte, und zuvor-
kommend freundschaftlich gegen ihn war, so
wurde der Pastor bald so sehr von ihm eingenommen, als die Uebrigen. Der Graf bat
den Geistlichen, einige Tage bei ihnen zu bleiben, und ließ ihn den folgenden Morgen in

F 3   sein

fein Cabinet bitten, wo er ihm das erzählte, was er schon von Charlotten wußte. Die Meinungen, welche der Prediger über die Sache überhaupt äußerte, und die wir bereits wissen, waren der Einsicht des Grafen gemäß, welcher aber nichts von der wirklichen Erscheinung der Mutter wußte, auch nichts vom Prediger erfuhr, weil dieser selbst nicht daran glaubte, und eben so wie Charlotte befürchtete, Henriette möchte durch dergleichen Phantasien bei dem Grafen, oder gar bei dem Baron, wenn dieser es erführe, verlieren.

Da Henriette am siebenten Tage ihrer Krankheit das Zimmer schon wieder verlassen konnte, so wurde nun die vorseyende Verbindung ernstlich besprochen, und sie gab dem Baron, welcher diese ganze Zeit das Schloß nicht verlassen hatte, unter Genehmigung des Grafen, seiner Gemahlin und ihres geistlichen Freundes, das Wort. Einen niedlichen Ring und einige andere Geschenke von Werth erhielt

sie nur vorläufig, weil der Tag einer solennen
Verlobung erst anberaumt werden, und sie an
demselben einen weit kostbarern Versprechungs-
Ring, nebst mehrern Kostbarkeiten, erhalten
sollte. Der Baron sowohl als der Prediger
reißten an ebendemselben Tage ab, wo sich
Henriette dem erstern zugesagt hatte; er versprach dem lezten, sobald es möglich wäre,
einen Besuch, und dieser freute sich ungemein
auf ihn. Henriette war nun froh und glücklich. Sie glaubte so wenig ihrer Mutter durch
die geschlossene Verbindung zu misfallen, daß
sie vielmehr wünschte, diese möchte Zeuge ihres Glücks seyn, um sich dessen mit zu freuen.
Sie war seit der Abreise der Fremden beständig bei der Gräfin gewesen, welche mit ihr
von den zu treffenden Einrichtungen sprach.
Als es zu dämmern begann, wollte sie auf
ihr Zimmer gehen, und da sie dahin einen
Gang passiren mußte, so erblickte sie in demselben die Gestalt ihrer Mutter, welche mit

F 4 dem

dem Ausbruck der größten Traurigkeit die
Hände wand. In dem Augenblick, da sie
den Geist sah, trat ihre Freundin Charlotte
aus einer Thür, nicht zehn Schritte von der
Stelle ab, wo er stand. Sie erschrak vor
Henrietten, welche todtenbleich und zitternd
am Eingang stand. „Was ist Ihnen?" sagte
sie. „Sehn Sie nichts?" versezte Henriette
mit bebender Stimme. — „Nichts, Liebe,
bilden Sie sich wieder etwas ein!" — „Nichts?
nichts? Ich sehe auch nichts mehr, kommen
Sie!" Henriette sagte die Wahrheit, sie sah
nichts mehr, denn der Geist war verschwunden. Charlotte ergrif ihre Hand, und begleitete sie in ihr Zimmer, dort versicherte ihr
Henriette, daß sie ihre Mutter wieder gesehn
hätte. Jene suchte es ihr auszureden, und
fieng an von dem Baron zu sprechen, weil sie
wußte, dies sey der Stoff, der ihren Gedanken eine andere Richtung geben könnte. Es
wollte nicht sogleich glücken. Charlotte schalt,

gab ihr Mediciu, und beschloß, daß sie von
jezt an in ihrem Zimmer logiren und schlafen
sollte.   Einige Tage war es ruhig, dann erhielt Henriette einen Brief von ihrem Bräutigam.   Ein Mahler, den er abgeschickt hatte,
ihr Portrait zu nehmen, brachte ihn.   Freudig erbrach sie ihn, aber indem sie das Schreiben las, saußte es um sie her, eine unsichtbare
Gewalt riß den Brief ihr aus den Händen,
und schleuderte ihn bis an die Thür.' Dies
war in Charlottens Zimmer, wohin sie mit
dem Briefe gelaufen war, um ihn dieser Freundin gleich mitzutheilen.   Als es, wie eben er-
wähnt, so schaurig saußte, erschrak Henriette
schon; da ihr der Brief entrissen war, sagte
sie mit Todeskälte: „Comteß Charlottchen!"
„Was giebts denn?" erwiederte diese ein wenig betroffen; denn sie hatte das Sausen gehört, und das Hinfliegen des Briefes gesehen.
— „Sie fragen?" — „Es wird wo ein Fenster offen stehen." — „Ein Fenster?"   Char-

lotte hob den Brief auf, und überreichte ihn
Henrietten. „Ich kann nicht lesen,“ sagte
diese. Charlotte las ihn vor. Der Baron
hatte versprochen, in zwei Tagen selbst zu
kommen, und seine Braut gebeten, doch ja
sogleich zu ihrem Portrait zu sitzen. Dies
wollte sie nun nicht, Charlotte mußte ihr zureden. Sie philosophirte wie gewöhnlich über
die Sache, und Henriette, welche ihrem Ostenheim gar zu gern gefällig seyn wollte, schickte sich an, den andern Tag sich mahlen zu
laffen.

Mit der eintretenden Dunkelheit aber kam
ihre Angst zurück. Sie sprach von der zweimaligen Erscheinung ihrer Mutter, von den
kläglichen Tönen, die sie, ehe noch der Baron
einen förmlichen Antrag gemacht, gehört hätte;
sie erinnerte sich des Rufens ihres Namens
mit der Mutterstimme, und des heutigen
Vorfalls mit dem Brief. Diesen konnte
Charlotte nicht leugnen, da sie Augenzeugin
war;

war; aber sie bemühte sich aufs neue, die
Sache einer natürlichen Ursache zuzuschreiben,
obgleich sie nirgend, das geringste von Zug-
luft verspürt hatte. Henriette war diesmal nicht zu überzeugen. Ahndung und Liebe
stritten in ihrem Herzen. Sie weinte, und
Charlotte begleitete diese Thränen mit den ihrigen. „Freundin, sagte sie, beruhige Dich,
— laß uns von jezt an durch das vertrauliche
Du beweisen, daß wir Leid und Freude einander mittheilen und tragen helfen wollen —
beruhige Dich, und höre meinen Rath: schreib
an den Prediger, und theile ihm die beiden
lezten Vorgänge mit, bitte ihn, daß er eile,
des Barons Geschichte von ihm selbst so vollständig als möglich zu erfahren. Hätte dieser
etwas zu verbergen, oder erzählte er etwas,
das er nicht beweisen könnte, dann wollt ich
sagen, es muß untersucht werden, ehe Du
etwa unglücklich wirst; denn ich will nicht
eigensinnig leugnen, es konnte Warnung seyn.

Legi-

Legitimirt ſich Oſtenheim, dann, Kind, nehmen wir ſein jetziges Betragen dazu, und nichts
kann Dich abhalten, ihm die Hand zu geben.
Auf! ſchreib! Morgen mit dem Früheſten
ſchick' ich einen Boten ab.“ Henriettens Herz
ward leicht, ſie befolgte den Rath ihrer Freundin. Dieſer Brief ſowohl, als die Antwort
des Predigers, iſt nebſt allen andern Briefen,
welche Henriette mit dieſem, mit ihrem Geliebten, und nachher mit der Gräfin Charlotte
wechſelte, nach dem Tode der unglücklichen
Henriette, von der erſten geſammelt worden.
Die Antworten, welche Henriette hatte, über-
lieferte ſie wenige Stunden vor ihrem Hin-
ſcheiden.

Den Brief an den Geiſtlichen beizufügen,
iſt unnöthig, da wir ſeinen Inhalt aus dem Ge-
ſpräch der beiden Freundinnen vernommen haben. Die Antwort auf denſelben war folgende:

„Ich habe einen Beſuch von dem Baron
„gehabt, und mich durch alles, was er mir
„von

„von seinem bisherigen Lebenslauf gesagt hat,
„noch mehr überzeugt, daß er ein rechtschaffe-
„ner Mann ist; doch will ich Ihr Verlangen
„gern erfüllen, und eine Reise zu ihm thun,
„ich will auf Beweise bringen, und Ihnen so
„viel Ueberzeugung zu verschaffen suchen, als
„es sich wird thun lassen. Noch immer glaube
„ich, daß alles, was Sie sehen und hören,
„von einer erhizten Einbildung herrühre; in-
„dessen wollen wir das möglichste thun, um
„Sie noch vor der öffentlichen Verlobung zu
„beruhigen ꝛc. "

Henriette ließ sich diesmal nicht mahlen,
Charlotte selbst gab ihr den Rath, es unter
dem Vorwand, daß sie sich erst noch etwas erholen wolle, aufzuschieben; weil sie von der
Krankheit an, wirklich noch ziemlich blaß war,
wozu das immer wiederkommende Schrecken
ebenfalls beitrug. Ostenheim fand, als er
ankam, diesen Bewegungsgrund gültig, und
wollte nun, daß sie selbst bestimmen möchte,

wenn

wenn sich der Mahler einfinden sollte. Er bemerkte das stille melancholische Betragen seiner
Braut mit Unruhe, und fragte um die Ursache.
Sie wollte ihm dieselbe nicht sagen, und bat
ihn, mit der Versicherung ihrer aufrichtigen
Liebe zufrieden zu seyn. Er verdoppelte die
Beweise der seinigen, und verließ Henrietten
zärtlicher als jemals und zugleich etwas beru-
higter. Die vorhabende Untersuchung ihres
Freundes lag ihr indessen, nachdem sie den
Baron wiedergesehen hatte, nicht wenig auf
dem Herzen. „Wenn, sagte sie zu ihrer Freundin, der Prediger, wie er schreibt, auf Beweise, daß er ein ehrlicher Mann ist, dringen
wird, so kann Ostenheim leicht beleidigt werden.“ — „Das kann er, erwiederte Charlotte,
besonders wenn er Deine Traurigkeit dazu
nimmt. Indessen muß es doch, um Dich zu
beruhigen, geschehen. Ich wünsche nur, daß
Dein Pflegevater mit Schonung und Behutsamkeit zu Werke gehen möge.“ — „Das ist's
eben,

eben, verseßte Henriette, was mich beängstigt.
Der brave Mann ist zuweilen etwas geradezu,
und sein Ausdruck, Dringen, läßt mich fürchten, er werde meinen Ostenheim beleidigen.
Er hat meinen Tiefsinn, wie Du weißt, bemerkt, und ward dadurch selbst nachdenkend,
er drang in mich, daß ich ihm sagen sollte,
was mir auf dem Herzen läge. Und nun,
wenn der Pastor sein Examen mit ihm vor-
nimmt, wird er gleich wissen, daß es auf
mein Geheiß geschieht, und dies Mißtrauen
übelnehmen. Wie, wenn ich ihm schriebe,
und alles aufrichtig gestünde?" Charlotte
mißbilligte diesen Gedanken nicht, aber sie rieth
ihr, es bis zu den Nachrichten des Predigers
zu verschieben.

Der Graf und die Gräfin hatten Henriettens Ernst wohl bemerkt, sie wurden aufmerksam, entdeckten, daß zwischen ihr und Charlotten ein Geheimniß obwaltete, und geriethen
auf einen für Henrietten nachtheiligen Verdacht.

dacht. Charlotte ward zuerst vorgenommen.
„Red*, sagte der Graf, sollte Henriette vor
der Bekanntschaft mit dem Baron einen Fehl-
tritt begangen haben, und nun die Würkung
davon verspüren? Dann wär' es besser, jezt,
da es noch Zeit ist, mit Ostenheim die Sache
rückgängig zu machen. Denn, welche Intri-
gue ihr zur Verheimlichung auch unter Euch
verabreden möchtet, so würde sie nichts helfen; und Ostenheim, der so sehr auf Ehre
hält, ist gewiß der Mann nicht, der bei so
etwas gelassen bliebe. Wenn sich nun Henriette so etwas bewußt seyn sollte, so wärs
ein schrecklicher Leichtsinn, daß sie sich dennoch
mit ihm verspräche.“ Der Graf war von dieser vorgefaßten Meinung so eingenommen, daß
alles, was Charlotte zu ihrer Widerlegung,
während er das angeführte sprach, vorbringen
wollte, nicht von ihm gehört wurde, und er
sie nicht zum Worte kommen ließ. Jezt be-
theuerte sie aufs heiligste, daß dies nicht die
Ursache

Urſache von Henriettens Traurigkeit ſey. Er
drang aber ſo gebieteriſch darauf, ihm zu ſagen, was ſie heimliches zuſammen hätten,
warum ſie in einem Zimmer ſchliefen, warum
Henriette ſo oft weinte, denn das zeige ihr
Geſicht, und warum denn auch ſie ſo traurig
wäre? daß Charlotte endlich ſagte, ſie wollte
ihrer Freundin vorſchlagen, den Grund von
dieſem allen ſelbſt zu bekennen. Henriette wei-
gerte ſich nicht es zu thun, da ihr beſonders
Charlotte merken ließ, daß ihre Eltern etwas
Nachtheiliges für ſie argwohnten. Der Graf
und die Gräfin fuhren eben aus, und erſt nach
ihrer Zuhauſekunft konnte Henriette in dem
Zimmer der Gräfin Rechenſchaft von ihrem Betragen ablegen. Die Gräfin ward nachdenkend, der Graf begann ein ſchallendes Geläch-
ter; „Sie ſind, ſagte er, eine kleine Phanta-
ſtin, Fräulein, verzeihen Sie mir dieſen Ausdruck!“ — „Aber was ich ſah und hörte,
indem ich ſo ſehr wünſchte, es nicht zu hören

und zu sehen, was Charlotte mit mir sah und hörte?" — „Ist alles Einbildung! Sie würden wohlthun, diese Grillen fahren zu lassen, die Sie lächerlich machen müssen, und zu einer Geschichte Anlaß gäben, die ich nicht gern von meinem Hause wollte gesagt wissen. Und denken Sie, wie nachtheilig Ihnen dergleichen Visionen bei Ihrem Bräutigam seyn würden." Der Graf sprach dies mit so bestimmtem Ernst, und trug Charlotten so nachdrücklich auf, ihre Freundin in dergleichen Phantasien nicht zu bestärken, daß keins von der Gesellschaft etwas einzuwenden wagte. Henriette hielt sich in diesem Augenblick für eine Thörin, und ängstigte sich über den Auftrag, den sie dem Geistlichen gegeben hätte. Charlotte, welche den Rath dazu gegeben, ängstigte sich mit ihr, sie sahen den Nachrichten, welche sie von diesem Manne erhalten würden, zitternd entgegen; diese kamen in folgendem Briefe:

„Ich habe den Baron Oſtenheim geſpro-
„chen. Als er von Ihnen nach Hauſe kam,
„fand er mich ſchon daſelbſt. Ich gieng mit
„ſo vieler Behutſamkeit, als möglich, zu Werke,
„doch ſchien es, als ob der Baron meine Ab-
„ſicht erriethe, und ziemlich betroffen war.
„Ohne mich mein Anliegen ganz entdecken zu
„laſſen, holte er mir die Zeugniſſe ſeines Adels,
„ſein Taufzeugniß, (er iſt ein Liefländer,) und
„viele Briefe, welche beweiſen, daß er wirk-
„lich der iſt, für den er ſich ausgiebt. Seine
„Bibliothek beſteht aus den beſten Schriftſtel-
„lern; alle ſeine Beſchäftigungen ſind edel,
„und zeugen von dem geſchickten und geſezten
„Manne. Er iſt gewiß gut und tugendhaft.
„Dies beweiſen auch die ſchönen Handlungen,
„die er hier ausübt, und welche ich ohne ſein
„Zuthun erfuhr. Er hat eine unglückliche
„Familie gerettet, und läßt einige Waiſen auf
„ſeine Koſten erziehen. Immer iſt ſeine Hand
„offen zu geben und mitzutheilen. Ich würde

ſagen

„fagen, daß feine Freigebigkeit bis zur Ver-
„fchwendung gienge, wenn ich ihn nach allem,
„was ich fehe, und aus feinen Papieren ent-
„nommen habe, nicht für unermeßlich reich
„hielte. Er ift von jedermann hier gefchäzt und
„geliebt. Seine Bedienten, alles brave Leute,
„verehren ihn. Mit dem Kammerdiener bin
„ich nicht recht zufrieden; er hat in feinem
„Wefen, fogar im Betragen gegen feinen
„Herrn, etwas höhnifches, und ift zuweilen
„gegen diefen zu frei. Doch der Baron fcheint
„viel auf den Menfchen zu halten, er muß alfo
„doch gut feyn! Und was geht uns auch der
„Kammerdiener an. Der Baron bekommt
„viel Zufpruch von dem hiefigen Adel, und von
„den Vornehmften der Stadt, die ihn alle mit
„befonderer Achtung behandeln. Man fagte
„mir, daß zuweilen vornehme Fremde her-
„kommen, für welche er dann die Zeit ihres
„Aufenthalts meift allein zu Haufe ift; doch
„aber giebt er ihnen einen Tag ihrer Anwefen-
„heit

„heit ein Feſt, wozu er die vornehmſten ſeiner
„Bekannten einladen läßt.

„Dieß ſind die wahren Nachrichten, wel-
„che ich Ihnen von dem Baron Oſtenheim ge-
„ben-kann. Dem Anſchein nach werden Sie
„glücklich durch ihn. Doch wer kann Men-
„ſchenherzen prüfen, oder in die Zukunft
„ſchauen? Wir ſchwache Menſchen können
„nicht ergründen, warum dies oder jenes
„geſchieht, Gott iſt ein verborgener Gott!
„Beten Sie, daß er alles zum Beſten wen-
„den möge. Ich kann nicht zu- nicht abra-
„then, das eine in Betracht des beſten Scheins
„nicht; und das andre — ich will zu Gott
„für Sie flehen, daß er Sie den beſten Weg
„führen möge.

„Der Baron, den ich wirklich liebe, drang
„in mich, daß ich ihm aufrichtig ſagen möchte,
„ob die Unterſuchung, die ich vorgenommen,
„hätte, auf Ihren Antrieb geſchehen wäre.
„Ich wollte nicht geradezu leugnen, und ent-

„schuldigte mich und Sie mit dem Auftrag ih-
„rer seligen Mutter, und mit ihrer eigenen
„großen Gewissenhaftigkeit, diesen Auftrag
„mit der größten Genauigkeit befolgen zu wol-
„len. Dies billigte er, sagte von seiner rei-
„nen Liebe und Achtung für Sie, schien aber,
„so lange ich bei ihm war, sehr nachdenkend
„und zerstreut. Gott walte über Sie!"

Henriette und Charlotte lasen diesen Brief
etlichemal, er beruhigte sie auf einer Seite, und
beunruhigte sie auf der andern wieder. Was
wollte der Geistliche mit dem Schluß seines
Briefs, und den bedenklichen unterstrichenen
Stellen sagen? Bewiesen sie nicht, daß seine
Meinung von dem Baron, ohngeachtet der
genommenen Ueberzeugung, dennoch schwan-
kend war. Das Resultat fiel da hinaus, daß
der Geistliche als ein kurzsichtiger Mensch diese
Sprache führen müsse. Wie ganz anders
aber hätten die jungen Damen geurtheilt, wenn
sie gewußt hätten, daß er, wie er dies her-

nach

nach geſtand, vor ſeiner Abreiß zu dem Baron, Henriettens Mutter vor ſich geſehn hatte, welche ihn flehentlich um etwas zu bitten ſchien. Dies aber konnten ſie nicht wiſſen, daher ſchrieb man nun jene Stellen der Beſorgniß des Geiſtlichen, nicht zu viel behaupten zu wollen, zu, und hielt ſich jezt allein bei dem Lobe des Barons auf, wovon der Brief ſo voll war, und welchem Henriette nur zu gern Glauben gab.

Der Umſtand, daß der Baron ihre lezthin bezeugte Traurigkeit und die Erkundigung des Paſtors aus einer Quelle hergeleitet, daß er zerſtreut und nachdenkend geweſen, bekümmerte das zärtliche Mädchen. „Er wird gewiß empfindlich darüber ſeyn, ſagte ſie, ich weiß nicht, wie ich's wieder gut machen ſoll.“ Charlotte rieth ihr, nun an ihn zu ſchreiben, ihm neue Verſicherungen ihrer Liebe und vollkommenen Hochachtung zu geben, und alles Vorgefallene ſo zu entſchuldigen, wie es der

G 4 Geiſt-

Geiſtliche ſchon gethan hatte. Indem ſie ſich
dazu anſchicken wollte, lief ein Schreiben von
ihm ein, welches hier folgen ſoll.

„Ihr neulicher Tiefſinn, meine innigſt
„verehrteſte Henriette! hat ſich mir durch einen
„Beſuch Ihres Freundes, des Predigers, er-
„klärt. Er dräng, wo nicht als ein feiner,
„doch als ein aufrichtiger Mann, auf umſtänd-
„liche Beweiſe, daß ich ein ehrlicher Mann
„und das wäre, wofür ich gelte. Ich habe
„ſie ihm gegeben, und er ſchien zufrieden,
„Dieſes wird er Ihnen ohne Zweifel berichtet
„haben, weiß aber nicht, ob es meine Geliebte
„nun auch iſt. Ich bin aber bereit, alles,
„was ich dem Paſtor gezeigt, Ihnen ſelbſt vor
„Augen zu legen. Er hat mir die zärtlichen
„Sorge ihrer ſeligen Mutter, den Punkt Ihrer
„Verheirathung und Ihr beiderſeitiges Verſpre-
„chen betreffend, mitgetheilt. Dies entſchuldigt
„freilich Ihre gewiſſenhafte Bedenklichkeit,
„und Ihres Freundes gethanen Schritt. Als
„ein

„ein rechtschaffener, und für die Ruhe meiner
„Henriette besorgter Mann, muß ich wün-
„schen, alle Ihre Zweifel zu heben, ehe ich
„den Besitz Ihrer Hand verlangen kann. Der
„bestimmte Tag unsrer Verlobung naht heran,
„vorher aber muß alles berichtigt, und er lie-
„ber ausgesezt werden, wenn Sie sich an den
„Papieren, die ich nochmals zur Untersuchung
„anbiete, nicht gnügen, und sich erst in eine
„auswärtige Correspondenz einlaffen wollten.
„Theilen Sie, Geliebte, Ihre Zweifel dem
„Grafen und seiner Gemahlin mit, thun Sie,
„um sich ganz zu überzeugen, alles, was Sie
„wollen und Ihnen gerathen wird. Ich liebe
„Sie unaussprechlich, Fräulein, und hoffe,
„daß Sie an meiner Hand glücklich seyn wer-
„den. Aber sollten Sie mit innerer Unruhe,
„mit heimlichem Mißtrauen diesen Versuch
„machen, dann wollte ich lieber dem herrlich-
„sten Schicksal, dem Besitz meiner Henriette
„entsagen, und mich, so lange ich lebe, mit

„dem nagenden Gedanken schleppen, daß ich
„ihr entsagen müßte, weil sie mich ihrer un-
„werth hielt. Ich muß mich bis zu Ihrer
„Antwort sogar des Glücks, Sie zu sehen,
„berauben. "

Dieser Brief verursachte in Henriettens
zärtlichem Herzen eine nicht geringe Empörung.
Sie bereute es, den Prediger an ihn geschickt
zu haben. Sie zürnte auf dieses Mannes zu
hartes Benehmen, und glaubte ihren Ostenheim schon verloren zu haben. Charlotte
theilte alle diese Empfindungen mit ihr. Beide
fürchteten sich zugleich vor dem Grafen, wenn
Ostenheim eigensinnig seyn, und darauf bestehn
sollte, daß dieser die Untersuchung von neuen
unternähme. Der Kummer, den geliebten Ostenheim beleidigt zu haben, gab diesen Sorgen
das größte Gewicht. Hier war nichts nöthi-
ger, als alles sobald als möglich wieder gut
zu machen; es ward beschlossen, daß Henriette
es geschwind in der zärtlichsten und überzeu-
gendsten

gendsten Antwort thun, und einen eigenen Bo-
then, da ein aus der Stadt zurückgekomme-
ner Bedienter des Grafen der Ueberbringer des
Briefs gewesen war, damit abschicken sollte.
Da während der Ueberlegungen, die sie mit
ihrer Freundin über denselben gemacht hatte,
die Stunde des Abendessens herbeigekommen
war, so bat sie dieselbe, ihre Entschuldigung
durch das Vorgeben einer Unpäßlichkeit zu
machen, damit sie indessen ungestört schreiben
könnte. Nicht ein Gedanke an Erscheinung
fiel ihr damals ein. Sie hielt sogar alles
Vorhergegangene für Täuschung, und hatte
nichts zum Augenmerk, als den Wunsch, sich
so ausdrücken zu können, wie es zur völligen
Aussöhnung ihres Ostenheims nöthig wäre.
Ihre ganze Seele floß in das hier folgende
Schreiben:

„Wenn ich, mein theurer Geliebter, mein
„innigst geschäzter Freund! durch die Trau-
„rigkeit, die Sie lezthin an mir bemerkten,
„und

„und durch die veranstalteten Untersuchungen
„des Pastors, die ich hier aufrichtig für mein
„Werk bekenne, Sie beleidigt habe; so weiß
„ich nichts zu sagen, als: verzeihen Sie dem
„schwachen Mädchen, und machen Sie es
„nicht durch Zurückhaltung dieser Verzeihung
„noch unglücklicher. O, Ostenheim! wer
„könnte von Ihnen Uebels denken, den alle
„Welt schätzt, für den alles um ihn her spricht,
„dessen Edelmuth aus diesen Augen, aus jedem
„dieser edlen Züge leuchtet, welche Ihnen mein
„Herz erworben haben? Wer kann Sie kennen,
„Sie sprechen und handeln sehen, ohne Sie
„zu verehren? Urtheilen Sie nun, wie stolz
„ich auf den Vorzug seyn muß, welchen Sie
„mir vor so vielen bessern Mädchen, deren
„keine Ihre Hand ausgeschlagen hätte, geben.
„Verzeihen Sie mir, halten Sie mich nicht
„für stolz, weil ich einer allzugroßen Bedenk-
„lichkeit Raum gab. Der Pastor schreibt
„mir, daß er Ihnen alles, meine sel. Mutter

„betref-

„betreffend, gesagt habe, und daß Sie mein
„und sein Verfahren in dieser Hinsicht natür-
„lich gefunden hätten. O Geliebter! nehmen
„Sie dies billige Urtheil nicht zurück! Er ist,
„nachdem er bei Ihnen gewesen, mehr als jemals
„von Ihnen eingenommen. Sie sollen seinen
„Brief sehen, er strömt von Ihrem Lobe und
„Ruhme über. Der ehrliche Mann sagt aus-
„drücklich, daß er Sie innigst liebe. Vielleicht
„verfuhr er zu gerade, aber vergeben Sie das
„dem Manne, der nicht große Welt und Fein-
„heit, aber das redlichste Herz besizt. Glau-
„ben Sie daneben, daß ein gutes Zeugniß
„solcher Natur-Menschen mehr zur Ehre eines
„Menschen sagt, als alle geschmückte Lobes-
„erhebungen feiner Leute; weil jene nicht heu-
„cheln können. Er sollte Ihre Papiere nicht
„durchgesehen, sondern Ihnen, da Sie solche
„nur zum Vorschein brachten, aufs Wort ge-
„glaubt haben, aber er wollte seinen Auftrag
„pünktlich erfüllen. Ich verlange sie nicht zu

„sehen, diese Belege, verlange keine weitern
„Untersuchungen, und bitte Sie, wenn ich
„noch Ihre Liebe verdiene, mir dadurch einen
„Beweis davon zu geben, daß Sie dem Gra-
„fen und seiner Gemahlin nichts von meiner
„Schwachheit sagen. Sie schätzen Sie zu
„hoch, sie würden mir nicht vergeben. O
„Innigstgeliebter! kommen Sie unverzüglich,
„und bringen mir selbst die Ver — "

Während Henriette dieses schrieb, hatte
sie etlichemal einen kläglichen Laut gehört, aber
im Eifer, sich zu rechtfertigen, und den Baron
zu beruhigen, bemerkte sie es nur obenhin.
Jezt, da sie das Licht puzzen wollte, und dazu aufblicken mußte, sah sie ihre Mutter dem
Tisch gegen über in kniender Stellung mit gefalteten Händen; sie blickte traurig und die
gefalteten Hände aufhebend nach ihr hin.
Henriette ward beinahe ohnmächtig. Und wer
weiß, was aus ihr geworden wäre, wenn
Ihre Freundin Charlotte, welche von Ahndung
getrie-

getrieben vom Tische aufgestanden war, um
nach ihr zu sehen, nicht eben eingetreten wäre.
„Gott, Gott, Jettchen!“ rief sie, und eilte
die wankende Dulderin zu halten, „was ist
Dir begegnet?“ — „Ach, meine Mutter,“ stam-
melte diese. — „Ich sehe nichts.“ — Henriette wieß mit dem Finger auf die Stelle. —
„ich sehe nichts, Kind.“ — „Sie ist wieder
weg, da kniete sie und hob die gefalteten Hände gegen mich auf.“ Dies sagte Henriette
mit leisem bebendem Ton, und zeigte, wie der
Geist die Hände aufgehoben hatte. Charlotte
wußte nicht, was sie denken sollte; sie redete
ihr zu, und da eben ihre Jungfer kam, schickte
sie diese nach frischem Wasser, um Henrietten
Medicin zu geben. Indessen die Jungfer
Wasser holte, bat Charlotte Henrietten sich
so viel möglich zu fassen, damit diese nichts
merkte, sich auskleiden zu lassen und zu Bette
zu gehen. Henriette folgte in allem, aber nur
aus Gefälligkeit nahm sie die Medicin. Die

Gräfin Charlotte blieb bei ihr, und ließ ihren
Eltern sagen, daß Henriette wirklich krank
wäre. „Was ist das für eine Närrin, sagte
der Graf ungeduldig, jezt, da sie Braut ist,
und die Verlobung schon Donnerstags seyn
soll, ist sie bald traurig bald krank! Ich weiß
nicht, wie mir das vorkommt. Hat sie nicht
etwa wieder eine Erscheinung gehabt? Und
Charlotte tändelt ihr zu Gefallen mit. Bald
werde ich das alles überdrüßig werden." Die
gutmüthige Gräfin gieng, um selbst nach ihr
zu sehen. Sie fand Henrietten schwach, und
sie sowohl als ihre Tochter in Thränen. „Kinder, sagte sie, was ist das alles? Der Graf
ist sehr böse." Henriette weinte heftiger, und
Charlotte bat ihre Mutter, denselben zu besänftigen. „Wenn ich das thun soll, versezte
diese, so müßt ihr mir klaren Wein einschenken.
Seyd aufrichtig! Was ist wieder vorgegangen?" Charlotte fand kein Bedenken, die aber-
malige Erscheinung zu bekennen, sie gestand
der

der Gräfin die Veranstaltung der Untersuchung
durch den Prediger, zeigte ihr seinen Brief,
den des Barons, und ließ ihr auch das lesen,
was Henriette, um es wieder gut zu machen,
dem leztern geschrieben hatte. Henriette ver-
hielt sich, während Charlotte dies alles preiß
gab, leidend. Als aber die Gräfin, nachdem
sie ihren nicht vollendeten Brief an den Baron
gelesen hatte, nachdenkend ward, und dann
in bedächtigem Ton sagte: „Und als Sie bis
hieher geschrieben, hatten Sie die Erscheinung?" legte sie die Hand auf ihr Herz und
sagte; „ja, und so wahr Gott lebt, es war
nicht Täuschung! O, daß sie es gewesen
wäre!" Die Gräfin schwieg eine Weile, dann
sagte sie: „was soll man denken, was soll ich
rathen? Noch wollen wir dem Grafen nichts
sagen, er besteht zu sehr darauf, daß es Einbildung ist, und nimmt die Sache auf eine be-
sondere Art. Aber ich will etwas vorschlagen.
Wenn Sie sich morgen nur ein wenig besser

befänden, und sich einigermaßen faßen können
ten, so wär es gut, Ihrem Bräutigam alles,
auch diesen lezten Vorgang zu schreiben. Dann
müßte man sehen, wie er sich dabei benähme."
Henriette hatte keine Neigung zu diesem Vorschlag. Nach ihrer Meinung werde es der
Baron so auslegen, wie der Graf, und es
diesem vielleicht sagen, und beide könnten dann
aufgebracht werden, besonders könnte der Graf
ihren Geliebten wohl selbst mißtrauisch gegen
sie machen. Charlotte bat ihre Mutter, diese
Sache morgen, wenn ihre Freundin etwas
mehr gefaßt seyn würde, noch einmal mit ihnen in Ueberlegung zu nehmen. Diese versprachs;
ließ so viel Trostgründe, als sie geben konnte,
zurück; und überbrachte ihrem Gemahl die
Nachricht, daß Henriette wirklich krank sey,
wozu sie aber eine vorübergehende Ursache an-
führte. Charlotte entfernte alles, und blieb
diese Nacht bei ihrer Freundin Bette sitzen,
welche mit Angst und Liebe rang, und keinen

Ent-

Entschluß fassen konnte. Charlotte bat sie in-
ständigst, sich zu beruhigen und ihr Vertrauen
auf Gott zu setzen. Sie begann mit ihr zu beten.
Indem sie diese Andachtsübungen durch ein
Lied aus dem nahe liegenden Gesangbuch fort-
setzen wollte, und es aufschlug, sagte Henriete:
„Gott, schon wieder!“ Charlotte blickte auf,
und sah den Geist zu den Füßen des Bettes
stehen. Mit einer Fassung, welche bei Damen von Charlottens Alter nicht gewöhnlich
ist, sagte sie: „Seliger Geist! ich frage Dich
im Vertrauen auf Gott, was Du verlangst?“
Der Geist zeigte auf den Tisch, wo der Brief
lag, rang die Hände und verschwand. Henriette war weniger erschrocken, als bei der
vorigen Erscheinung, der Anblick ihrer Mutter
begann ihr gewöhnlich zu werden. „Hast Du
sie wirklich gesehen?“ fragte sie Charlotten,
diese bejahete es, und beschrieb ihr die Gestalt, es traf zu. „Zeigte sie nicht nach dem
Tisch? fragte Henriette weiter, und rang die

Hände?" Auch dies bestätigte Charlotte.
"Und nun, meine Liebe, fuhr Henriette fort,
was meinst Du?" — "Fragst Du mich Unwis-
sende? antwortete Charlotte, ich weiß hier
nicht anders zu rathen, als daß wir diesen
neuen Vorfall mit dem frühesten meiner Mutter entdecken, und dann wird sie gewiß der
Meinung seyn, daß wir sogleich Deinen Pflegevater müssen rufen lassen. Der Brief an
den Baron kann nicht eher fort!" Sie konnten
nun kaum den Morgen erwarten, und ließen
die Gräfin, sobald sie aufgestanden war, er-
suchen, zu ihnen zu kommen. Sie ließ nicht
auf sich warten, erstaunte und schickte sogleich
nach dem Prediger. Ihr Gemahl aber durfte
davon nichts wissen. Der Prediger kam gegen Abend an, stieg in einiger Entfernung
vom Schloß ab, und kam als von ohngefähr.
Auf die Nachricht der zweimaligen Erscheinung
des Geistes in einer Nacht, und daß auch
Charlotte die zweite gesehen, bekannte er, daß

er ihn gleichfalls, indem er sich zur Reise nach
R. anschickte, gesehen hätte. Und nun wußte
man, wohin jene dunkeln und bedeutenden
Stellen seines Briefes zielten. Jezt hielt es
der Geistliche zuförderst für nöthig, dem Grafen alles zu entdecken. Er wurde demnach
von allem sogleich unterrichtet. Und ob er sich
gleich auch Mühe gab, in diesen Vorgängen
nicht so viel bedeutendes zu finden, als die
Uebrigen; so hielt er es doch einiger Ueberlegung werth. Sein Vorschlag war endlich,
daß Charlotte an den Ostenheim schreiben, ihm
Henriettens angefangenen Brief schicken und
melden sollte, daß sich seitdem etwas zugetragen, welches sie zur Vollendung gänzlich un-
fähig gemacht hätte. Er möchte ohne Verzug
kommen und das weitere vernehmen. „Hat
er, sezte der Graf hinzu, kein gutes Gewissen,
und vermuthet etwas Schlimmes, so kommt
er nicht, macht sich vielleicht gar auf und davon. Kömmt er, so muß ihm alles aufrich-

tig erzählt, und auf sein Verhalten dabei Achtung gegeben werden. Ein böses Gewissen muß
sich bei solchen wichtigen Vorfällen auf dem
Gesichte mahlen. Bleibt dies aber in seiner
natürlichen Fassung, und er überhaupt ruhig,
indem man ihm zu verstehen giebt: man hielte
dies für Warnung vor ihm, dann mögen Eure
Erscheinungen bedeuten was sie wollen, nur daß
Ostenheim ein schlechter Mensch ist, bedeuten
sie nicht. Und sollte er noch einmal eine weit-
läuftige Untersuchung durch seine auswärtigen
Correspondenten vorschlagen, so nimmt man
sie an, wenn Ihr nun durchaus glaubt, daß
die todte Mutter gegen ihren lebenden Schwie-
gersohn etwas könnte einzuwenden haben.“
Dieser Vorschlag wurde von allen gebilligt.
Charlotte schrieb ohne Verzug; und am folgenden Morgen kam Ostenheim an. Henriette
fühlte sich, da alle, auch der Graf, um das
Geheimniß wußten, ungemein erleichtert, auch
schienen ihr die Anstalten hinreichend, um Gewißheit

wißheit zu erlangen und den Geist zu befriedigen. Sie befand sich, als der Baron erschien,
bereit, ihn im Zimmer der Gräfin, wohin man
ihn gewiesen hatte, zu empfangen. Die ganze
Gesellschaft, auch die jüngere Tochter vom
Hause, welche nun auch um die Sache wußte,
fand sich da ein, und der Graf führte das
Wort, worauf die drei Personen, welche den
Geist gesehen hatten, die Wahrheit auf das
theuerste bezeugten. Der Baron war, während dies alles vorgetragen wurde, erst still
und betroffen, dann aber verbreitete sich ein
ruhiger Ernst über sein Gesicht, und mit diesem sagte er: „Die Begebenheit ist außeror-
dentlich, und für mich um so betrübender, da
man Argwohn auf mich daher leiten will. Ich
habe, deucht mich, dem Herrn Pastor hinläng-
lich gezeigt, daß ich kein Betrüger bin; ich
habe auch wohl meine Denkungsart, wie ich
mir schmeicheln kann, denen die mich kennen,
nicht zu meinem Nachtheil entdeckt. Fehler,

freilich)! könnte man an mir gefunden haben!
Ob sie nun so wichtig sind, daß Henriette durch
den Geist ihrer Mutter vor einer Verbindung
mit mir gewarnt werden muß, das, muß ich
gestehen, hab' ich bisher noch nicht gewußt."
Henrietten stürzten bei diesen Worten die Thränen aus den Augen; sie wollte reden, aber
Ostenheim fuhr fort: „Glauben Sie glücklich
mit mir zu seyn, wenn ich der bin, für den
Sie mich — auch dem angefangenen Briefe nach
— hielten?" — „Vollkommen, antwortete
Henriette, und ich halte Sie noch für den schä-
ßenswerthesten Mann." „Dies thun wir alle,"
riefen etliche Stimmen, und Ostenheim redete
weiter: „Also kömmt es nur darauf an, Sie
völlig zu beruhigen, und hierzu thue ich aufs
neue die Vorschläge, welche ich in meinem lezten Briefe that. Wenn Sie mir erlauben,
daß ich hier bleiben darf, so schick ich meinen
Kammerdiener zurück, damit er meine sämmt-
lichen Papiere hole, die der Pastor gesehn hat.

Neben

Neben meinem Taufschein, Adelszeugnissen, Dokumenten und Wechseln, werden Sie da auch Briefe von ziemlich wichtigen und sehr honetten Leuten sehen. Sie leben alle noch; ich bitte an sie zu schreiben." Kaum wollte man zulassen, daß Ostenheim den Kammerdie- ner nach den Papieren abschickte, so sehr hatte er alle überzeugt. Aber er bestand darauf. Alles war nun aufs neue bemüht, ihm Zu- trauen und Achtung zu bezeugen. Henriette war äußerst zärtlich, aber doch noch etwas zurück- haltend gegen ihn. Es wurde wieder von der Erscheinung gesprochen, und zwar fieng Ostenheim selbst davon an. „Sie gutes ge- quältes Mädchen, begann er, ich beklage Ihr zartes, empfindliches Herz! Wie sich auch die Sache verhalten mag, es muß Sie unendlich beunruhigen. Wenn wirklich der Geist Ihrer sel. Mutter Unglück für Sie ahndet, welches Sie an meiner Hand erwarten sollte, so müßte dies auch für mich äußerst niederschlagend

seyn. Es wäre dann ein Beweis, daß ein un-
vermuthetes, nicht vorausgesehenes trauriges
Schicksal auf mich wartete, woran Sie dann
freilich als meine Gattin Antheil nähmen."
„Einem solchen üblen Schicksal, fuhr er nach
einigem Nachdenken fort, darf ich Sie kaum
aussetzen. Ich beschwöre Sie sämmtlich, und
besonders Sie, Herr Pastor, glauben Sie
wirklich, daß die Erscheinungen, welche Sie
alle gehabt, wahr, daß es nicht Täuschungen
sind, oder von irgend einem übelgesinnten
Menschen herkommen könnten?" Man versicherte, das lezte sey an den verschiedenen Orten und unter den begleitenden Umständen
unmöglich! Und Täuschung wäre es bei dem
Bestreben eines jeden, der Sache lange nicht
zu achten, auch nicht. „Es sollte also, versezte der Baron, Beziehung auf die vorseyende
Verbindung mit mir haben. Ihre Mutter,
liebe Henriette, warnt Sie sichtbar vor großem Unglück. Indem ich dies nun für mög-

lich halte, wär es strafbar von mir, Sie demselben aussetzen zu wollen. Wohlan, was mir
auch begegnen möge, so will ich mir nicht den
Vorwurf machen, durch diesen Zufall vorher
unterrichtet gewesen zu seyn, und die Person,
die ich in der Welt am meisten schätze, die ich
so gern überschwänglich glücklich machen wollte,
mit mir in irgend ein Jammerleben zu ziehen.
Hier ist es mir Pflicht, Ihnen zu entsagen,
und den Geist Ihrer Mutter zu beruhigen.‟
Henriette zerfloß während dieser ungekünstelten
Rede, bei welcher der Baron die tiefste Rührung zeigte, in Thränen. Sie wollte ihn verschiedenemal unterbrechen, reichte ihm die
Hand, und drückte mit dem Ausdruck der stärk-
sten Liebe die seinige an ihr Herz. Endlich
fieng sie an: „Es ist unmöglich, daß ich mit
Ihnen durch Ihr Verschulden unglücklich seyn
könnte, aber eben so unmöglich könnte Gott
zulassen, daß der Geist meiner Mutter den Ort
der Seligkeit verlassen und mich schrecken sollte,

wenn es nicht zur Warnung geschähe. Ihre
Meinung, daß Ihnen selbst ein Unglück bevor-
stehen möchte, hat mir das traurige Räthsel
auf einmal gelößt. Ach, theuerster Freund!
fassen Sie sich auf Widerwärtigkeiten; aber erlauben Sie mir, daß Ihre Henriette solche mit
Ihnen theile, sie Ihnen tragen helfe und Sie
tröste. Vergieb, liebevoller Geist meiner ver-
klärten Mutter, wenn Du zugegen bist, daß
Deine Tochter ihre Pflicht erfüllt! Diesem
Manne sagte ich mich zu; sollte ich aus Furcht
vor dem, was ihm bevorsteht, mein Wort
zurücknehmen? Nein, verbunden mit ihm will
ich alles tragen, die Liebe wirds versüßen.«
Den lezten Theil dieser Erklärung, von der
Anrede an ihre Mutter an, sprach sie mit einem Feuer, das alle in Verwunderung sezte.
Dem Baron stürzten Thränen aus den Augen,
und er sank vor Henrietten auf die Knie, ergriff ihre Hände und schluchzte: „großmüthi-
ges, angebetetes Mädchen!" Alle waren ge-

rührt. Die Gräfin und der Pastor glaubten, daß Henriette und der Baron in Auslegung der Warnung des Geistes richtig riethen, das heißt, sie fürchteten wie sie, daß dem lezten irgend ein Unglück bevorstehe, und konnten nicht anders, als Henriettens Entschluß, es mit ihm zu theilen, loben. Nur der Graf war durch alles dies nicht völlig befriedigt. „Also, sagte er, bleibts beim Alten, und jede weitere Untersuchung fiele nun weg?“ „Nichts weniger, sagte der Baron, eine Henriette verdient, daß ich mich um so mehr der allerstrengsten unterwerfe, da sie mir so viel Zutrauen, und eine so großmuthsvolle Anhänglichkeit zeigt.“ Nun war auch der Graf befriedigt, welcher Ostenheims freiwillige Entsagung seiner Geliebten, aus Furcht, sie in ein ihm bestimmtes Unglück zu ziehen, für eine feine Wendung hielt, womit er leicht hoffen konnte, ein Mädchen von Henriettens schwärmerischer Großherzigkeit zu gewinnen, und ihm das erstemal für wirklich verdächtig hielt. „Nein, sagte er, nun sind wir zu sehr überzeugt, daß nichts von Ihnen zu fürchten ist. Und wenn Ihre Delikatesse weitere Untersuchung verlangt, so will die unsrige, daß wir sie nicht vornehmen. Lassen wir nun alles Vergangene seyn, und ohne weiteres, uns auf die Verlobung anschicken. Ich bin stolz, ein so edeldenkendes Paar in meinem Hause vereinigt zu sehen, und wenn Gott meine Wünsche erhört, so wendt er gnädigst alles Unglück von Ihnen ab." Diesem Wunsche stimmten alle bei, und der Prediger empfahl seine Pflegetochter und ihren Verlobten in den Schutz Gottes.

Von dieser Stunde an war Sorge und Bedenklichkeit von allen Seiten verschwunden, die Papiere wurden, als sie angekommen waren, so durchgesehen, wie man Sachen von einiger Beträchtlichkeit doch gern ansieht, und Ostenheim durfte, wenn er Henrietten nicht kränken, und auch den Grafen nicht beleidigen wollte,

wollte, an keinen Briefwechsel denken, den
man seinetwegen nach Liefland, oder an andere
Orte, wo er gewesen war, führen sollte. Der
Geist erschien nicht mehr; Henriette glaubte
ihrer Mutter durch den großmüthigen Entschluß, Leiden, die sie ihr vermuthlich ange-
kündigt hätte, aus Pflicht mit einem tugendhaften Mann theilen zu wollen, gefallen zu
haben. Sie meinte, diese gute Mutter habe
sie durch ihre Erscheinung und durch die Zeichen
der Traurigkeit, welche sie allemal an sich blicken ließ, vorbereiten wollen, und nahm sich
vor, allem, was sich ereignen könnte, mit
Standhaftigkeit entgegen zu gehen. Ihre Liebe, welche fast mit jedem Tage zunahm, wurde
durch die Schwermuth, die sich durch die erwähnten Ereignisse, und durch die Besorgniß
eines Unglücks, ihres Herzens bemeistert hatte,
zur größten, aber auch zugleich sanftesten Leidenschaft. Auch Ostenheim war seit diesem
Tag der Erklärung nachdenkender und ernst-

hafter, aber auch zärtlicher geworden. Die
gräfliche Familie mußte dieses liebende Paar
oft aus melancholischen Träumen wecken, in
welche sie versenkt, Hand in Hand da saßen,
sich ansahen, Thränen in den Augen hatten
und nicht sprachen.

Der Baron kehrte nun in die Stadt zurück,
um die Kostbarkeiten vollends zu besorgen und
abzuholen, welche er seiner Braut am Morgen
des Verlobungstages geben wollte. Auch für
alle Personen des gräflichen Hauses brachte er
Geschenke mit; das schönste bekam Charlotte,
und auch der Prediger, welcher zur Verlobung
eingeladen war, ward von ihm beschenkt.
Das Fest gieng mit großer Feierlichkeit vor sich,
ihm folgte ein Ball, wo aber Henriette, welche
diesen Tag eine tödtende Angst hatte, und zuweilen mit ihrer Schwester Charlotte ent-
schlüpfte, um an ihrer Brust zu weinen, nur
gezwungen und wenig tanzte. Nur sechs Wochen bis zur Hochzeit verfloßen. Unter der

Zeit

Zeit ward auch Charlotte unter den günstigsten Umständen Braut. Henriette freuete sich, daß sie glücklicher werden würde; „denn, sagte sie, ich weiß, daß mir viel Leiden bevorstehet. Du kömmst nun so weit weg! (Charlotte ward ins Ausland verheirathet.) Ich werde Deinen Trost, wenn ich ihn bedürfen sollte, entbehren müssen." — „Gott gebe, versezte Charlotte, daß Du ihn nicht bedarfst. Sollts aber ja seyn, dann wird mich nichts abhalten, zu Dir zu kommen, wo Du auch seyn magst. Ich kann dies um so sicherer versprechen, da ich nun mehr von mir selbst abhängen, und unter dem Schutze eines edlen Mannes, der mir Pflichterfüllung nicht verwehren wird, freier handeln kann. Aber laß uns lieber hoffen, daß wir uns unter Freude und Ruhe besuchen werden. Ich sehe auch nicht, welch ein Unglück Euch bevorstünde, wenn Ihr besonders still und ruhig lebt." Henriette überlegte, daß ihre Freundin Recht hätte; sie beruhigte sich oft bei ihren Tröstungen, aber doch kamen immer wieder die traurigen Ahndungen zurück. So vergieng die Zeit bis zur Vermählung unter traurigen und leidlichen Stunden, ohne daß außer verschiedenen Zeichen, welche Charlotte und Henriette nicht für natürlich halten konnten, nichts außerordentliches vorfiel. Ostenheim kam oft, und immer verbanden sich die Herzen der Liebenden mehr, immer stärker ward bei Henrietten der Vorsatz, ihn, was auch kommen könnte, nicht zu verlassen. Einen Tag vor der Vermählung kam auch der Prediger; er erzählte Charlotten, daß er in der vergangenen Nacht einen schrecklichen Traum gehabt hätte: er sah Ostenheim aufs Schaffot führen, und Henrietten mit zerstreuten Haaren trostlos umher irren. Charlotte erschrak, weil dieser Traum mit dem, welchen Henriette in eben dieser Nacht gehabt, und ihr ebenfalls erzählt hatte, so sehr viel übereintreffendes hatte. Henriette nehmlich, sah im

Traume ihre Mutter, welche Ostenheims Kopf
in einer Hand trug, die andere streckte sie liebreich nach ihr aus, und sie eilte entblößt von
aller Kleidung an die Hand dieser einladenden
Mutter. Der Prediger seufzte, Charlotte ver-
goß Thränen. Die schrecklichen Träume wurden dem Grafen und der Gräfin erzählt. Beide
wurden aufs neue besorgt. Zulezt kam man
darinn überein, daß, da man durch diese
Träume nichts beweisen, wohl aber neue Unruhe anrichten könnte, sie verheimlicht werden
sollten. Henriette erfuhr also nichts von dem
Traum des Predigers, und den ihrigen wollte
sie auch dem Baron aus Schonung nicht mittheilen.

Jezt kam der Tag der Vermählung. Man
hatte auf Charlottens Vorstellung, daß eine
zahlreiche Gesellschaft und große Lustbarkeiten
sich zu der Gemüthsstimmung der Braut nicht
schickten, nur die näheften Bekannten des
Hauses eingeladen. Die Braut wählte zu

ihrem Putz nur wenig von dem Schmuck, welchen Ostenheim ihr geschenkt hatte, und trug
ein weißes Kleid mit wenigen Verzierungen.
Tod und Leben rang mit ihr, indem der Augenblick, wo sie sich auf ewig mit dem Baron ver-
binden sollte, immer mehr nahte. Sie hielt
ihn fest bei der Hand, und suchte Ruhe in der
Liebe, allein diese fand sie nicht. Charlotte,
welche ihre Stimmung wußte, wich ihr nicht
von der Seite, und flüsterte ihr zuweilen
etwas aufmunterndes zu, obwohl ihr selbst
sehr Angst war. Jezt reichte ihr Ostenheim
die Hand, um sie an den Teppich zu führen;
sie folgte wankenden aber entschloßnen Schrit-
tes, und indem sie bald an den Prediger gekommen war, trat der Geist ihrer Mutter ihr
in den Weg, diesmal aber, wie sie nachher
aussagte, mit grimmigem drohendem Blick.
„Ich bin entschlossen,“ sagte sie laut, aber
mit bebender Stimme, und schmiegte sich an
ihren Bräutigam an. Dieser zeigte sichtbare

Bestürzung, auch er hatte, wie er, als alles
entdeckt war, gestand, den Geist gesehen. Er
rief Charlotten, indem er seine Braut fest um-
fangen hatte, und auf der Stelle stehen blieb.
Charlotte eilte hinzu, die Gesellschaft zeigte
Unruhe und Aufmerksamkeit, und diejenigen,
welche um das Geheimnis wusten, sahen einander bedenklich an. Charlotte zeigte hier
ihre Gegenwart des Geistes, sie sagte dem
Geistlichen, der die Trauung verrichten sollte,
und denen von der Gesellschaft, die fremd in
der Geschichte waren, daß die Braut von einer Art von Ohnmacht, einem Rest ihrer gehabten Krankheit, befallen wäre, welche aber
bald vorübergehen würde, und indem sie dies
sagte, leitete sie Henrietten ins Nebenzimmer
zu einem Stuhl. Ostenheim gieng an ihrer
Hand, ohne Sprache und tobtenblaß mit.
Es wurde ein Pulver und Wasser bestellt.
Ostenheim mußte sich auch setzen, um sich zu
erholen. „Meine Mutter, flüsterte Henriette,

stellte sich mir entgegen, schrecklich war diesmal ihr Anblick; aber ich bin entschlossen!
Haben Sie nichts gesehen, Ostenheim?" sagte
sie leise zu diesem.   Er leugnete den Geist gesehen zu haben, und wollte, daß man seine
Bestürzung natürlich finden sollte, da Henriette durch das plözliche Stillstehen, das Aus-
rufen und Hinsinken an ihn, ihm errathen ließ,
was paßirte.   Die Sorge um das, was die
Gesellschaft davon denken würde, habe ihn
vollends aus der Fassung gebracht.   Dies
war glaublich.   Henriette suchte ihn zu beruhigen, machte sich stärker, als sie war, und
reichte ihm liebreich die Hand, indem sie sagte:
„Kommen Sie, Lieber, die Erscheinung kömmt
nicht wieder.   Meine Worte haben sie abge-
schreckt."   Ostenheim stand auf und gieng mit
ihr; aber nie hatte ihn Charlotte, die ihn genau beobachtete, in einer solchen Stimmung
gesehen, sie! fieng von diesem Augenblick an
viel zu fürchten, und hätte sie es hintertrei-

bei

ben können, so unterblieb die Trauung. Allein Henriette gieng mit immer leichterm Schritt
an der Hand des bebenden Geliebten zur Trau-
bank, trat auf den Teppich, und legte frei
und ungezwungen das feierliche Gelübde ab.
Der Geist ließ sich nicht wiedersehen.

Sie empfieng mit heiterm Blicke die Glück-
wünsche der Gesellschaft. Auch Ostenheim hei-
terte sich wieder auf, und alles schien in Ver-
gessenheit zu kommen. Sobald es sich thun
ließ, mußte Charlotte ihrem Vater und
ihrer Mutter und Schwester, dem Prediger
und ihrem Verlobten, welcher als ein Mitglied
der Familie nun auch von jenen Begebenheiten
unterrichtet war, von dem, was vorgegangen
war, und was sie mit dem Brautpaar im Nebenzimmer gesprochen hatte, Bericht erstatten.
Sie that dies aufrichtig; ließ aber nichts von
dem Zweifel merken, den sie in den Baron sezte.
Jene hingegen hatten alle seine Bestürzung ge-
merkt, und urtheilten verschiedentlich darüber.

Still

Still und ruhig gieng nun der Abend vorüber,
und so viel Angst die gute Charlotte die Nacht
durch um ihre Freundin gehabt hatte, über-
zeugte sie diese doch am Morgen, daß ihr nichts
Schreckendes begegnet sey. Sanft und freundlich bot sie ihr einen guten Morgen. Charlotte schloß sie in ihre Arme; sie weinten beide,
ohne sich die Ursache angeben zu können. „Wie
ist dir, Liebe?" sagte endlich Charlotte. „Wohl,
meine Theure! Mein Ostenheim ist gut, er ist
ein Christ. Wir haben diese Nacht gebetet.
Er hat mir bei der Tugend, ja bei Gott selbst
geschworen, immer redlich zu handeln, und
ich habe ihm aufs neue feste Treue und Standhaftigkeit, was ihm auch begegnen möge, zugesagt; dann haben wir wieder gebetet. So
ist die erste Nacht unsers Ehestandes Gott ge-
heiliget worden. O, gewiß, wenn meine
Mutter um uns war, sie segnete unsern Bund."
Charlotten fiel ein Stein vom Herzen als sie
diesen neuen Beweiß von Ostenheims Tugend
bekam.

bekam. Es kam ihr jezt natürlich vor, daß
der lezte Auftritt im Augenblick da sie getraut
werden sollten, da er besonders wußte, wo
er ihn hinrechnen sollte, eine so große Bewegung bei ihm verursachen konnte. Vielleicht,
dachte sie, hat es ihm eine neue Vorbedeutung
gewisses Unglücks, welches auf ihn wartet,
geschienen, und dies bewies ihr auch sein feier-
liches und andächtiges Betragen in der Braut-
nacht. Sie erkannte ihm wieder ihre ganze
Achtung zu, beklagte den edeln Mann, wenn
er unglücklich seyn sollte, und lobte ihre Freundin, daß sie ihn durch Zusagung ihres Bei-
standes beruhigt habe.

Ostenheim führte nun seine Gemahlin nach
R., und einige Monate vergiengen ihr in seiner
Gesellschaft, wie Tage des Himmels. So
oft sie Charlotten sah, unterhielt sie dieselbe
von ihrem Glück, von den sich immer mehr
entwickelnden Verdiensten ihres Mannes; bei
jeder Gelegenheit schrieb sie ihr im nehmlichen

Ton. Ihre Schwermuth schien ganz weg zu seyn, und einer sanften Munterkeit Platz gemacht zu haben. Noch meist so zufrieden wohnte sie der Vermählung ihrer Freundin Charlotte bei, welche sie nebst Oftenheim alsdann einige Meilen begleitete, da sie ihrem Gemahl auf seine Güther folgte. Indem es aber zum Abschied mit dieser Freundin kam, bemächtigte sich ihrer eine lange nicht so stark gefühlte Wehmuth, welche auch Charlotten ergrif. Lange weinten sie eine an dem Halse der andern. Henriette erneuerte die Bitte um Charlottens Beistand, im Fall es ihr übelgehen sollte, und Charlotte versprach ihn gern. Sie redeten einen ununterbrochenen Briefwechsel mit einander ab, und versprachen einander vollkommene Aufrichtigkeit in ihren Berichten.

Schon Henriettens erste Antwort auf das Schreiben, in welchem Charlotte ihre glückliche Ankunft auf den Güthern ihres Gemahls berichtete, beunruhigte diese treue Freundin, und

sie

ste hatte, wie man, indem ich sie hier folgen
lasse, sehen wird, wohl Ursache dazu.

„Ich freue mich (schrieb Henriette) Deiner
„glücklichen Ankunft, Deines Wohlseyns und
„Deines ruhigen, von Zweifeln und Zweideutig-
„keiten freien Schicksals. Gott Lob! daß meine
„Charlotte glücklich ist, wenn ich's auch nicht
„seyn sollte! Ach Charlotte! Ich versprach
„Dir alles aufrichtig zu sagen, und es ist mir
„Trost, Dir wie sonst mein Herz ausschütten
„zu können. Vielleicht vermagst Du mich zu
„beruhigen. Erschrick aber nicht irgend vor
„einem Bekenntniß, welches meinem Gemahl
„nachtheilig wäre. Nein, noch habe ich keine
„Ursache, mich der zärtlichen Liebe, die ich
„für ihn fühle, zu schämen, noch bemerke ich
„nichts, was meine Hochachtung gegen ihn
„verringerte. Doch etliche — vielleicht Klei-
„nigkeiten — haben mich unruhig gemacht.

„Ich will Dir alles gestehen. Daß wir
„beide den Kammerdiener meines Mannes so

„ver-

„verdächtig fanden, als der Paſtor, wird
„Dir erinnerlich ſeyn; aber ich verbarg die-
„ſem Menſchen meine Abneigung, weil mein
„Mann viel von ihm zu halten ſchien. So-
„gar that ich, als bemerkte ich gewiſſe höhni-
„ſche Mienen nicht, die er mir machte, wenn
„er glaubte ich ſähe es nicht, und ein gewiſſes
„freches Lächeln nach mir hin, ſo oft es auch
„vorfiel. Du wirſt wiſſen, daß ich Dir noch
„nichts davon merken ließ; ich hielt es für
„kindiſch, Dich mit ſo etwas Unerheblichem
„zu unterhalten; denn ich meinte, es ſey blos
„Bösartigkeit dieſes Menſchen, welche mein
„Mann, verblendet von ihm, nicht einſähe;
„deswegen wollt’ ich ihm nichts davon ſagen.
„Mehr verdroß es mich, daß er, wie ich eini-
„gemal bemerkte, ſo ganz ohne Umſtände mit
„ſeinem Herrn umgieng, welches dieſer nicht
„übelnimmt, vielmehr ſehr vertraut mit ihm
„iſt. Es läuft wider die Bruderliebe, und
„zeigt einen häßlichen Stolz an, wenn Herr-

„ſchaf-

„schaften sich ihren Bedienten nur immer als
„strenge Gebieter zeigen, und die tiefste Ehr-
„furcht verlangen. Hingegen dünkt es mir
„auch nicht schicklich, mit ihnen auf dem Fuß
„zu seyn, wie Ostenheim mit diesem ist. Be-
„sonders wundert mich das von einem Manne,
„wie der meinige, der sonst so viel Würde be-
„hauptet. Dies alles, sag ich, befremdete
„mich längst, aber ich schwieg. Ich sah,
„daß mein Mann oft Stunden lang mit ihm
„verschlossen war, bemerkte etwas, das wie
„Furcht vor dem Kammerdiener aussah, dies
„beängstigte mich, aber ich schwieg. Doch
„wirst Du Dich erinnern, daß ich bei unsern
„beiden lezten Zusammenkünften nicht mehr
„so heiter war, Du fragtest mich, ob ich et-
„was auf dem Herzen hätte; allein, wie ge-
„sagt, noch glaubte ich nichts entdecken, und
„kleine Fehler, die im Innern des Hauses
„vorfallen, auch meiner besten Freundin nicht
„gestehen zu dürfen — Erinnere Dich auch

„an meine Bangigkeit beim Abschied — Und
„doch, meine Charlotte! hätt' ich Dir mein
„Herz aufgeschlossen, aber ohne Noth wollt'
„ich Dir meinen so sehr geschäzten Mann nicht
„verdächtig machen. Das aber, was ich
„Dir von ihm und seinem Kammerdiener ge-
„sagt habe, erweckt doch ein wenig Verdacht.
„Uebrigens bleibt mein Mann sich noch immer
„gleich, ich konnte also nichts Schlimmes ver-
„muthen. Auch jezt noch zeigt er sich mir
„als der liebende, edle und tugendhafte Mann,
„für den ich ihn immer hielt. Aber es haben
„sich Dinge zugetragen, die meinen Verdacht
„bestärken, und mich mit schrecklicher Angst
„erfüllen. Etwa 8 Tage nach Deiner Abreise
„kamen zwei Fremde bei uns an, mein Mann
„stellte mir in ihnen den Grafen Thurn und
„den Kammerherrn von Heinitz vor. Ich
„fand, daß es Leute von Welt und gutem
„Anstand waren. Sie speißten Mittags und
„Abends bei uns, und in der Zwischenzeit

„spielten wir Quadrille. Sie waren beftän-
„dig fehr artig, fprachen äußerft vernünftig,
„und hatten ganz meinen Beifall. Als wir
„aber vom Spiel aufgeftanden waren, und
„ich etwas im Zimmer herumfchäfterte, fchwie-
„gen fie auf einmal, das heißt, fie unterbra-
„chen das Gefpräch, in dem fie begriffen wa-
„ren. Ich fah mich um, und merkte, daß
„einer von ihnen meinem Mann was in die
„Ohren zifchelte, indem der andere lächelnd
„nach mir hinfah. Ich mußte roth geworden
„feyn, dies fühlte ich; fie ließen ab, fobald
„ich mich umfah, und ergriffen ihr Gefpräch
„wieder. Mein Mann machte, als der Graf
„Thurn ihm zuflüfterte, ein fehr ernfthaftes,
„mißbilligendes Geficht. Dieß beruhigte mich
„einigermaßen. Aber bei Tifche fah mich der
„Graf und der Kammerherr einigemal fo bedeu-
„tend, ich möchte fagen boshaft, an. Dieß
„alles hat mich verdroßen. Ich fah nun, daß
„diefe Herren fo gut nicht waren, als es mir

„anfangs schien, und daß mein Mann Ge-
„heimnisse mit ihnen hat. Am folgenden Mor-
„gen gieng mein Mann zu ihnen, und erst am
„Abend kam er wieder nach Hause. Ich brachte
„diese Einsamkeit in der größten Angst zu, es
„ließen sich etliche Damen bei mir melden; aber
„ich war nicht in der Stimmung, sie anneh-
„men zu können. Als mein Mann nach Hause
„kam, wagte ichs, ihm mein Mißfallen an
„dem Betragen seiner Freunde gegen mich zu
„erkennen zu geben. „Meine Henriette, sagte
„er, muß nicht gleich alles so genau nehmen,
„diese Männer sind oft an Höfen, wo sie In-
„triguen mit Damen gewohnt sind; aber ich
„habe ihnen ein wenig die Wahrheit gesagt,
„denn ich merkte wohl, daß Dich ihr Geflü-
„ster, ehe wir Abends zu Tische giengen, und
„die Blicke, die sie Dir bei Tische gaben, ver-
„legen machten.“ „Aber, fragte ich, was
„konnte Dir Thurn denn heimlich von mir
„sagen? Mit meinem Manne sollte er doch
„nicht

„nicht über mich gespöttelt haben" — „Gespöt-
„telt! versezte Ostenheim; es war nicht Spott,
„sondern, wenn Du es nun wissen willst, ein
„allzufreies Lob Deiner Reize, und ein Wunsch,
„der Dich beleidigen würde." Ich schwieg;
„meine Neugier reuete mich. Zugleich aber
„konnt ich mich des Gedankens nicht erweh-
„ren, daß Graf Thurn, den ich für so recht-
„schaffen ansah, es nicht seyn kann, sonst würde
„er meinem Ehemanne nicht verbotene Wün-
„sche auf seine Frau äußern; auch wunderte
„ich mich, daß er dies gegen Ostenheim konnte,
„wenn er ihn für tugendhaft hielt. Wir spra-
„chen nichts mehr von diesen Herren; ich be-
„merkte aber, daß mein Mann sehr unruhig
„war, und es auch noch den folgenden Tag
„blieb. Schobern (den Kammerdiener) ver-
„mißte ich; schon glaubte ich, mein Mann
„hätte ihn entlassen, und ob ich mich gleich
„wunderte, daß er mir davon nichts gesagt
„hatte, so war ich doch in dieser Vermuthung

K   „froh.

„froh. Gegen das Ende des dritten Tages
„seiner Abwesenheit fragte ich meinen Mann
„darum, und erfuhr, daß er Urlaub auf acht
„Tage. genommen hätte. Es war spät des
„Abends, als er den zehnten Tag wiederkam;
„ich bemerkte die zwei lezten Tage seines Aus-
„seyns eine sichtbare Unruhe, und als er nun
„kam, die heftigste Bewegung an meinem
„Mann. Schober kam nicht in.sein Zimmer;
„mein Mann gieng aber eine Weile nach seiner
„Ankunft mit anscheinender Unbefangenheit
„hinaus, und kam mit einem frohen Gesicht
„nach ohngefähr einer Viertelstunde wieder.
„Am andern Morgen, als ich angezogen war,
„und in meinem Zimmer stickte, hörte ich,
„daß Schober zu meinem Mann gegangen
„war. Die Unterredung war heimlich, sie
„ward aber von Schobers Seite immer lauter,
„er tobte, mein Mann schien ihn besänftigen
„zu wollen, ich hörte sogar Drohungen von
„Schobern. Mich überfiel ein heftiges Zit-

„tern

„tern, ich wollte nichts mehr hören, und lief
„in das innerste meiner Besuchzimmer, wo ich
„mit Angst und trauriger Vermuthung kämpfte.
„Nach Verlauf einer Stunde suchte mich mein
„Mann, ich hatte geweint. Er fragte mich
„nach der Ursach, indem er sich zu mir sezte
„und mir zärtlich die Hand küßte. Ich scheute
„mich, ihm zu sagen, daß mich sein Streit
„mit Schobern so bekümmerte, und doch wußte
„ich keine andere Ursach anzugeben, also ge-
„stand ich ihm, da er in mich drang, daß
„mich die Dreustigkeit dieses Menschen befrem-
„dete und schmerzte, und daß mich der Streit,
„den er mit ihm gehabt, aus meinem Zimmer
„getrieben hätte. Er dankte mir für meine
„zärtliche Theilnahme, und versicherte, daß
„dieser unhöfliche Kerl nicht lange mehr bei
„ihm bleiben sollte. Bisher hätte er ihm we-
„gen seiner Treue viel übersehen, allein er
„fienge an, es zu bunt zu machen, und legte
„sich besonders immer mehr auf den Trunk;

„wenn er dann trunken wäre, raisonnirte er.
„Das Versprechen, daß Schober fort sollte,
„beruhigte mich etwas, aber der Trost: er
„wäre aus Trunkenheit so dreust und grob,
„wollte nicht verfangen. Alles zeigt, daß
„mein Mann ein Geheimniß mit diesem Men-
„schen hat! Gott gebe, daß es kein schreckli-
„ches ist! Ich muß meines Mannes Geheim-
„nisse ehren, und wollte gerne nie dahinter
„kommen, wenn mich nur nicht endlich trau-
„rige Folgen davon unterrichten!

„Was werd' ich nicht noch vielleicht erle-
„ben? O meine Mutter, meine Mutter, wenn
„Du mich für Unglücksfällen gewarnt hättest,
„die Ostenheim schon verschuldet hat! Doch
„ich kann es ihm nicht zutrauen! er ist ja so
„gut, so sanft, so tugendhaft. Wieviel Gu-
„tes er thut, wie thätig er immer ist, etwas
„Nützliches zu verrichten, wie er mich so sorg-
„sam mit den besten Büchern bekannt macht,
„und sie mir selbst vorließt! Und dieser Mann
„sollte

„sollte ein Bösewicht seyn? Ich kann es
„nicht glauben.

„Den Tag nach dem ärgerlichen Auftritt
„mit Schobern lud mein Mann viel Gäste ein;
„es war ein großes Fest bei uns. Sein Be-
„tragen bei solchen Gelegenheiten ist dann so
„ganz fähig, meine gute Meinung von ihm
„aufs neue zu befestigen, und mich auf seinen
„Besitz stolz zu machen. Alles beweißt ihm
„aufrichtige Achtung und Beifall. Doch die
„Geschichten, welche ich Dir hier mittheile,
„beunruhigen mich zu sehr. Liebe! wenn Du
„Trost dafür hast, wenn Du nicht so viel
„Verdächtiges in dem allen siehst, so über-
„führe mich und weise mich zurecht. Du hast
„durchdringendere Einsichten als ich, Dir
„will ich folgen.

„Dies ist der erste Brief, den ich ohne
„meines Mannes Wissen schreibe, und so heim-
„lich mag er auch abgehn. Ist er doch an
„meine Charlotte, an die Einzige, der ich

„die geheimsten meiner Gedanken mittheile.
„Ich bitte Dich, Theuerste! um baldige Ant-
„wort, die Du Deiner Schwester am sichersten
„überschicken kannst, weil sie auf Deine Bitte
„so gütig seyn wird, mir sie im Stillen zu-
„kommen zu lassen.“

Charlottens Antwort:

„Dein Brief, theure Henriette! hat mich
„gewissermaßen traurig gemacht. Wie gut,
„wenn Du mir nicht solche bedenkliche Dinge
„mitzutheilen hättest, gutes Weib! Warum
„sollte ich Dir leugnen, daß ich Deines Man-
„nes Verhältnisse mit seinem Kammerdiener
„für sehr bedeutend halte. Ein Mann von
„seinem Verstande, von seiner Würde, wüßte
„sich, wenn dieser Mensch nichts zu verheim-
„lichen hätte, gewiß auch bei ihm in solches
„Ansehen zu setzen, daß er so viel nicht wagen
„dürfte. Ich stoße Dir, wie es scheint, den
„Dolch ohne Schonung ins Herz, aber höre
„jetzt

„jezt auch meine gemäßigte Meinung von der
„Sache. Es kann seyn, daß Dein Gemahl
„in seiner frühern Jugend ein Wüstling war,
„und da manches begieng., wovor er jezt,
„nachdem er davon zurückgekommen ist, errö-
„thet. Am wenigsten möcht' er Dir es wissen
„lassen, weil besonders die Geschichten mit
„den Erscheinungen Deiner Mutter Dich auf-
„merksam gemacht haben. Schober, der, wie
„Ostenheim auch mir sagte, schon bei seinem
„Vater in Diensten war, weiß vielleicht um
„schlimme Folgen seiner wüsten Handlungen,
„und giebt sich durch diese Wissenschaft ein An-
„sehn bei dem armen Manne, der vielleicht
„das, was er einst that, gern wieder gut
„machen wollte, und es durch seine jetzigen
„tugendhaften Handlungen und gutes Beispiel
„thut. Daher Schobers Troz und Drohun-
„gen! Er erpocht nun alles; denn wehe dem,
„der durch solch ein Geheimniß in den Hän-
„den eines Menschen von Schobers Denkungs-

„art

„art ist! Alles muß ihnen zugestanden werden,
„was sie verlangen, wo nicht, so drohen sie
„zu verrathen. Dein Gemahl leidet, was er
„auch verschuldet haben mag, gewiß unend-
„lich unter diesem widrigen Verhältniß. Ich
„rathe Dir, meine Freundin! ihn zu schonen,
„wegen des Kammerdieners nicht mehr in ihn
„zu dringen, und lieber zu thun, als hörtest
„und sähest Du gar nicht mehr was unter
„ihnen vorgeht. Was auch einst vorgefallen
„seyn mag, Du kannst es doch nicht unge-
„schehen machen. Ist doch Dein Mann klug,
„vielleicht wickelt er sich noch mit guter Art
„aus dieser Schoberschen Sklaverei; vielleicht
„findet er sich mit ihm ab, und wird ihn los.
„Aus dem Betragen dieses Menschen gegen
„Deinen Gemahl, welches, wie gesagt, Be-
„weiß von einem dem lezten nachtheiligen Ge-
„heimniß ist, kannst Du auch schließen, war-
„um er gegen Dich zuweilen unanständig han-
„delt. Solche Leute können in ihren Gedan-
„ken

„ken alles wagen! Wolltest Du es Deinem
„Gemahl sagen, so darf dieser nicht sehr mit
„ihm hadern, darauf verläßt er sich.

„Das Betragen der beiden fremden Cava-
„liers kömmt mir weniger bedenklich vor, als
„Dir. Dein Mann hat Recht; man lernt
„in der großen Welt Unsittlichkeiten begehn
„und sagen, und hält das nicht für strafbar.
„Vielleicht warens auch Gespielen Deines
„Mannes in seiner Schwärmzeit. Daher
„glaubten sie sich vor ihm nicht geniren zu
„dürfen. Du hast aber doch wahrgenommen,
„daß Dein Mann diese heimlichen Reden ge-
„mißbilligt, folglich ists wieder ein Beweiß,
„daß er jezt ganz anders denkt. Dies alles
„wohl überlegt, gesteh' ich Dir, daß ich in
„Ansehung eines Unglücks, welches Dir durch
„ihn begegnen könnte, beruhigt bin. Wie er
„jezt ist, hast Du nichts von ihm und durch
„ihn zu fürchten. Vorhergegangene Dinge
„könnten noch etwa Verdruß zurückgelaßen

K 5   „haben;

„haben; vielleicht kann es auch unvermerkt
„abgethan werden. Und solltest Du etwas
„davon in Erfahrung bringen, so wirst Du
„ohne meine Vermahnung nach Deiner Pflicht
„handeln, und alles beitragen, was in Dei-
„nen Kräften steht, um es beizulegen, oder zu
„verbessern ꝛc. "

Dieses Schreiben der weisen Charlotte gab
Henrietten wirklich Trost und Muth, sie begann nun wieder etwas Ruhe zu genießen,
und das Zutrauen zu ihrem Gemahl, welches
ziemlich gesunken war, kam zurück, und mit
ihm vermehrte Liebe. Ungern sah sie ihn wenig Wochen nach dem Empfang dieses Briefs
eine Reise, die, wie er sagte, vier, fünf Wochen dauern könnte, antreten. Doch, sie
ahndete nichts Uebles davon, vielmehr bildete
sie sich ein, er werde seine geheimen Angelegenheiten in Ordnung bringen, daß nichts
davon ihn oder sie künftig weiter in der Ruhe
stören könne. Daß er Schobern mitnahm,

den

ben er, wie sie meinte, nach seinem Versprechen lieber bei dieser Gelegenheit hätte verab-
schieden sollen, war ihr wohl nicht so ganz
recht; doch dachte sie an das, was ihr Charlotte über diesen Punkt geschrieben hatte, und
fand nun wieder, daß ihr Mann nicht anders
handeln könnte, bis er Mittel gefunden hätte,
diesen Menschen los zu werden, und sie konnten sich vielleicht auf dieser Reise schon mit einander abfinden. Also war sie ruhiger als
jemals, und tröstete sich über die Abwesenheit
ihres geliebten Mannes durch den unter ihnen
verabredeten Briefwechsel, welcher auch bis
zu seiner Rückkehr ununterbrochen fortgieng.
Jedes Schreiben von diesem theuren Gemahl
trug mehr dazu bei, sie und ihre vertrauten
Freunde, denen sie solche mittheilte, in der
guten Meinung von ihm zu bestärken. Man
vergaß endlich Erscheinungen und Träume,
und dachte an kein Mißtrauen gegen den Baron mehr. Fürchtete Henriette ja eine verbor-
gene

gene Widerwärtigkeit, so glaubte sie doch
nicht, daß es durch ihn selbst veranlaßt werden könne, wenn er auch, wie Charlotte
meinte, in jüngern Jahren Ausschweifungen
begangen, und deswegen jezt noch einige Nach-
wehen hätte. Dachte sie aber an einen un-
vorausgesehenen unglücklichen Fall, der ihn
treffen könnte, dann ängstigte sie sich Stunden lang, bereuete es, sich nicht lieber als
Begleiterin zu dieser Reise aufgedrungen zu
haben, und nahm sich vor, wenn sie durch
seine Briefe von dem geringsten ihm zugestoße-
nen Unglück unterrichtet würde, sogleich nach-
zueilen. Weil sie die Ahndung, daß ihm etwas Widriges begegnen möchte, beständig im
Sinn hatte, ließ sie sich, ehe er abgieng, versprechen, ihr von allem, was vorgieng, Nachricht zu geben, und erbrach nun jeden seiner
Briefe mit Furcht, freuete sich aber desto
mehr, wenn sie ungegründet war. Gern
hätte sie die Zeit seiner Abwesenheit zu einer

Reise

Reife zu Charlotten benuzt, aber fie wollte fich, um gleich bereit zu feyn, ihrem Gemahl folgen zu können, wenn es nöthig feyn follte, nicht entfernen, und wagte kaum etliche kurze Befuche bei dem Grafen, in deffen Haufe fie gewefen war, und bei dem Prediger, ihren vormaligen Pflegevater.

Oftenheim überrafchte fie mit feiner Ankunft, brachte Schobern nicht wieder mit, und war von befferer Laune, als fie ihn jemals gefehen hatte. Sie war nun überfchwänglich glücklich, und theilte ihre Freude ihrer Freundin Charlotte mit, welcher fie zugleich meldete, daß fie fich jezt bereitete, mit ihrem Gemahl auf fein Guth ins Schwäbifche zu gehen, wo fie bis zum Winter bleiben würden.

Von diefem Guthe fchrieb fie einige Briefe an den Prediger und an Charlotten, welche wieder Klagen enthielten. Graf Thurn, der Kammerherr Heiniz, nebft noch verfchiedenen

andern Bekannten ihres Mannes, hatten Besuche abgelegt, und sich immer einige Tage
aufgehalten. Diese Leute kamen ihr immer
verdächtiger vor. Sie giengen, wie sie bemerkte, anders mit ihrem Gemahl um, wenn
sie zugegen war, als wenn sie glaubten, nicht
von ihr bemerkt zu werden. Sie hatte sie
zuweilen in geheimen Unterredungen, und ihren
Mann in Affekt angetroffen, etlichemal hatte
sie sich des Verlangens, zu horchen von was
die Rede sey, kaum erwehren können; doch
war sie immer von der Ueberlegung, daß es
eine schändliche Handlung sey, wohin es auch
zielen möge, abgehalten worden. Einige dieser Herren hatten sich erfrecht, ihr Liebesan-
träge zu thun; da es zu oft wiederholt wurde,
war sie genöthigt, es ihrem Manne zu sagen,
welcher zwar sichtbaren Verdruß darüber bezeugte, und ihr versprach, diese Leute zur
Rede zu setzen, sich aber doch nicht so dabei
benommen hatte, als sie es erwartet hätte;

denn

denn diese Herren blieben da, bis es ihnen
beliebig war abzureisen, und sie war genöthigt,
sich zu verschließen, oder auszufahren, um
Ruhe zu haben. Der Baron zeigte, daß ihm
diese Gäste überhaupt lästig waren; er war
während ihres Daseyns meist still und ver-
drußlich, hingegen vergnügt, wenn sie wieder
weg waren. Auch Schober war besuchsweise
da gewesen, und hatte sich ziemlich frei betragen. Dies alles nagte ihr aufs neue sehr
am Herzen. Sie fürchtete immer irgend einen
unangenehmen Ausbruch, und das um so
mehr, da ihr Mann allemal, wenn jemand
der benannten Personen erschien, die größte
Verlegenheit zeigte. Hingegen hatte sie in
dieser Gegend Bekanntschaften angeknüpft,
mit denen sie manche frohe Stunde genoß,
und sobald nur ihr Gemahl ohne jene lästigen
Bekanntschaften war, hatte sie den liebens-
würdigen Mann und Freund in jeder Be-
trachtung wieder.

Den folgenden Winter gieng sie mit ihm nach R. zurück, und ward im Frühjahr Mutter von einem Sohn. Alles blieb still, und sie war glücklich. Im Julius schlug ihr der Baron wieder eine Reise aufs Land vor, sie hatte keine Lust dahin, und es stellten sich bedenkliche Träume ein. Einige Tage vor ihrer Abreise schrieb sie Charlotten:

„Es ist mir, als sollt' ich vor Gericht „geführt werden, allemal, wenn ich an diese „Reise gedenke, überläuft mich Todesschauer. „Gewiß! gewiß steht ein Unglück bevor. Diese „Nacht war meine Mutter im Traum bei mir, „es deuchte mir, als ob ich einpacken half, „und sie es immer verhindern wollte, ich stieg „in den Wagen, sie zog mich zurück, aber „mein Mann riß mich mit Gewalt hinein. „Wir fuhren vor lauter Gerichtsstätten vorbei, „meine Mutter trat allenthalben in den Weg „und rang die Hände. O Charlotte! Freun„din! das Unglück ist nahe, aber ich folge

„meinem

„meinem Schickſal, meiner Pflicht, ich habe
„meinem Mann geſchworen, ihn nicht zu ver-
„laſſen; er iſt redlich, von ihm kann nichts
„herkommen! Meine Abneigung vor dieſer
„Reiſe befremdet und ängſtet ihn. Er tröſtet
„mich mit der Verſicherung, daß wir dießmal
„keinen Beſuch von den Leuten, die ich haſſe,
„bekommen werden, und verweißt mich auch
„auf unſre dortigen Freunde, auf die Freuden
„des Landlebens. Ich merke wohl, daß auch
„ihn eine innere Angſt nagt, er meint, daß
„eine Veränderung des Aufenthalts, daß Land-
„luft ſeiner Geſundheit zuträglich ſeyn werde;
„ich darf mich alſo nicht widerſetzen. Geſtern
„Abend traf ich ihn mit übereinander geſchla-
„genen Armen in ſeinem Zimmer am Fenſter
„ſtehen, und gen Himmel blicken. Die Thür
„ſtand offen, er ward mich aber nicht gewahr.
„Auf einmal verließ er haſtig das Fenſter,
„und rufte, die Hände über den Kopf zuſam-
„menſchlagend, aus: „Fort! fort von hier,

„ich

„ich habe keine Ruhe mehr!" Nun bemerkte
„er mich und schrak zusammen. Ich eilte auf
„ihn zu. „Was war das, liebster Mann?"
„sagte ich bebend. — „Nichts, Liebe! Deine
„Schwermuth steckt mich an." — (auf meinen
„Knien) „Theuerster Mann! Du hast was
„auf dem Herzen, entdecke Dich mir! Du
„weißt, ich schwur, alles mit Dir zu theilen!"
„— „Nichts, meine Henriette! gewiß nichts!
„sey ruhig! Dir muß es in jedem Fall wohl
„gehen." — „Mir, mir allein? kannst Du
„mein Schicksal und das Deinige trennen?
„kann mirs wohl gehen, wenn Dirs übelgien-
„ge?" — „Ich bitte Dich nochmals, sey ru-
„hig, liebes Weib! Du vermehrst meine Hy-
„pochondrie." Er hob mich mit sanfter Ge-
„walt auf, führte mich zur Ruhebank, wo
„wir uns sezten, und fest umschlossen Arm in
„Arm weinten. Was hältst Du von dem al-
„len, Charlotte? Freundin, nimm Dich meiner,
„nimm Dich meines armen Kindes an!"

Char-

Charlotte hatte ebenfalls Ahndungen und
Träume gehabt, die sie auf ihre Freundin
deutete, und war verlegen, was sie ihr antworten wollte. Sie zauderte, und wußte
nicht gewiß, wie sie ihr diese Antwort insge-
heim schicken könnte, denn Henriette hatte sich
darüber nicht erklärt. Aber Charlottens Sorge war unnöthig, denn was nun erfolgte,
nöthigte sie, nach einiger Zeit zum Beistand
ihrer Freundin selbst abzureisen.

Der Pastor besuchte, von Angst getrieben,
welche allerhand Vorbedeutungen in ihm er-
regten, die alle auf Henrietten zielten, dieselbe
in R. Es war der Tag vor ihrer Abreise.
Er betete mit ihnen, segnete sie, und empfahl
sie in den Schutz Gottes.

Die Reise war schon bald vollbracht, als
sie in einem Orte, wo sie abstiegen, von einigen Räubern hörten, welche in der Gegend
von Augspurg aufgefangen, und dort einge-
bracht worden wären. Ostenheim erblaßte,

seine

seine Gemahlin, die ihn eben im Auge hatte,
ward wegen dieses Erblaffens wie vom Blitz-
strahl getroffen. Eben hatte sie ihren Säug-
ling an der Brust, sie ließ ihn sinken und
starrte vor sich hin, fast ohne Bewußtseyn,
die Wärterin ergrif das fallende Kind; Ostenheim saß unthätig da. Man lief zu, und
fragte, was Henrietten fehlte, man sah, daß
ihr Gemahl fast in dem nehmlichen Zustand
war, beiden eilte man zu Hülfe, indeß die
Wärterin das schreiende Kind zu schweigen
suchte. Einige Personen, die in der Stube
waren, hatten bemerkt, daß die Bestürzung
der beiden Eheleute in dem Augenblick eingetreten war, wo von den eingebrachten Räubern
die Rede gieng. Es entstand ein Gemurmel,
welches Ostenheim bemerkte, und aufs neue
erschrak. Er sah sich schüchtern um. Die
Meinung der Umstehenden ward zur Gewißheit. man rufte Gerichtspersonen. Henriette
hatte sich indessen etwas wieder erholt, sie

reichte ihrem Gemahl die Hand, aber indem
er sie ergreifen wollte, überfiel sie ein gewisser
Abscheu vor ihm; sie zog die Hand zurück!
Er fuhr auf, faßte sie in die Arme, und rief
außer sich: „Du bist mein Weib!" Henriette
hatte Mitleiden, sie wußte nichts gewiß,
glaubte ihn beleibigt zu haben, und drückte
ihn an sich. Beide schwiegen. Die Sache
ward immer verdächtiger, und nun traten Gerichtspersonen ein, welche sich die Personen,
die man im Verdacht hatte, zeigen ließen, und
dann gerade auf sie zugiengen, den Baron
aus den Armen seiner Gemahlin rissen, und
ihn fragten: wer er wäre? Ostenheim sank,
ohne Antwort zu geben, um. Henriette schrie:
„ach Jesus!" und ward ohnmächtig. Dies
alles schien Beweis genug. Als Ostenheim
und Henriette wieder zu sich selbst kamen, be-
fanden sie sich an einem andern Ort in ge-
richtlicher Verwahrung, ein Arzt und ein
Wundarzt waren um sie bemüht, der leztere

schlug, dem Baron, den man entkleidet hatte,
eine Ader, und der erste gab Henrietten Medicin. Sie fragte nach ihrem Sohn, man
berichtete ihr, daß er mit seiner Wärterin in
guten Händen wäre! Ihre Kammerjungfer,
welche um sie beschäftigt war, und unaufhör-
lich weinte, sezte hinzu, daß man auch alle
Bedienten arretirt hätte. Als Ostenheim sich
nach der Ader und Medicin etwas erholt hatte,
kam er zur Besinnungskraft zurück. Er fragte,
warum man so mit ihm und den Seinigen verfüh-
re? Henriette holte tief Odem, als ob sie durch
diese Frage Erleichterung bekäme; und der Gerichtsdiener, welcher zugegen war, zuckte die Ach-
seln ohne Auskunft zu geben. Der Zustand dieser
Arrestanten gieng ihm zu Herzen, er war geneigt,
sie für unschuldig zu halten. Indem der Arzt,
der hier ebenfalls einen Irrthum vermuthete,
dem Baron zureden wollte, trat ein Referendarius herein, welcher den Arrestanten mit
ziemlichem Anstande begegnete, Ostenheim

aber bat, in das daranstoßende Gemach mit
ihm zu treten. Nachdem sie eine Weile dar-
inne gewesen waren, kam der Referendarius
zurück, schickte den Gerichtsdiener hinein, und
vernahm Henrietten um ihren Namen, bisherigen Aufenthalt, den Ort, wo sie hin wollten
u. s. w. Als er das alles aufgeschrieben
hatte, gieng er an die Thüre, um den Baron
wieder herein zu rufen, und mit vieler Achtung
sagte er: „Die Aussage Ihrer Bedienten und
Ihrer Gemahlin trift mit der Ihrigen pünktlich überein, man wird Sie beiderseits um
des unnöthigen Lärms willen, um Vergebung
bitten müssen. Indessen die Gerichte müssen
auf jede Anzeige aufmerksam seyn.“ — „Welche
Anzeige aber, sagte Henriette, konnte uns
solche Beschämung zuziehen?“ Der Referendarius erzählte nun, wie man ihre Bestürzung
bei der Nachricht von eingezogenen Räubern
für Beweiß gehalten hätte, daß sie zu ihrer
Gesellschaft gehörten. Und ihre Ohnmachten,

der

der Schreck des Herrn Barons bei der ersten
gerichtlichen Frage, hätten es bestätigt. Der
Baron hatte jezt wieder Muth bekommen, und
zog sich, in der Erklärung dieser plözlichen
Zufälle an sich, gut aus der Sache; seine Gemahlin aber entdeckte Unwahrheiten; und viel
Geläufigkeit sie vorzutragen, und konnte die
Bewegungen, in die sie darüber gerieth, kaum
verbergen. „Ich werde, sagte der Referen-
barius, jezt meine Verhöre zusammen abliefern,
und hoffe nicht, daß man weitere Beweise
fordern wird." Ostenheim erbot sich, Brief-
schaften, die er bei sich hätte, als Beweise
vorzulegen, hörte aber vom Referendarius,
daß man sein Portefeuille und auch die Briefe,
welche seine Gemahlin bei sich gehabt, während ihres Unbewußtseyns ihnen abgenommen,
und sich auch der Coffres bemächtigt hätte.
Ostenheim blieb bei dieser Nachricht ruhig,
und Henriette konnte es auch seyn. Kaum
hatte der Referendarius das Zimmer verlassen,

als er mit der vornehmsten Gerichtsperson des
Orts und einem Herrn aus Ostenheims Nachbarschaft zurückkam. Die Gerichtsperson bat
um Vergebung, ihre Reise durch falsche An-
klage unterbrochen zu haben, und sagte, da
dieser Herr einen von Ostenheims Bedienten
von ohngefähr erkannt, und da er die Fata-
lität, die seiner Herrschaft hier begegnet, erfahren hätte, sogleich zu ihm gekommen, und
die Sache aufgeklärt habe. Hierauf hätte er
nicht unterlassen wollen, selbst zu kommen und
wegen des Irrthums um Verzeihung zu bitten. Der Freund des Herrn und der Frau
von Ostenheim umarmte sie jetzt, und sie ver-
ließen mit ihm diesen traurigen Ort, an dessen
Ausgang sie ihre Bedienten fanden. Ostenheim schien sichtbar krank, aber er wollte es
nicht gestehen. Henriette befand sich so übel,
daß sie diesen Tag nicht weiter konnten. Der
Herr aus ihrer Nachbarschaft blieb bei ihnen.
Der Tiefsinn, welchen er an beiden Eheleuten

bemerkte, wunderte ihn nicht. Er schrieb ihn
dem gehabten Schrecken, und ihrer daherrüh-
renden Unpäßlichkeit zu, und suchte beide aufzuheitern. Er wußte nicht, welche Ursache
Ostenheim hatte, tiefsinnig zu seyn, und daß
an Henriettens Herzen ein Wurm nagte, den
sie nun nicht mehr tödten konnte. So oft
die Thür aufgieng, erschrak Ostenheim; und
seine Gemahlin, die es bemerkte, empfieng
jedesmal einen Dolchstich in das zerrißne Herz.
Sie wünschte und fürchtete die Stunde, wo
sie mit ihm unter vier Augen sprechen würde.
Als der Fremde des Abends weggegangen war,
fand sie sich zu schwach zu einer Erklärung,
auch waren ihr ihre Frauenzimmer im Wege.
Sie schloß diese Nacht kein Auge, hielt sich
aber still, und als sie bemerkte, daß ihr Gemahl sich unruhig im Bette herumwarf, und
oft seufzte, ward sie immer mehr überzeugt,
daß er bei der Geschichte in Augspurg mit ver-
wickelt sey. Jezt trat wirklicher Abscheu vor
dem

dem sonst geliebten Gemahl ein. Sie schwankte zwischen den Entschlüssen: wenn er unglücklich seyn würde, mit ihm zu tragen; und sich von ihm zu trennen. Ein Rest von Liebe, welchen Mitleid erzeugte,* die Erinnerung an ihr Gelübde, das Andenken an ihren Sohn, alles dies peinigte sie unaussprechlich. Hingerissen von dieser vielfachen Last, rief sie laut: „o Mutter! Mutter!“

„Liebste Henriette! sagte ihr Gemahl, was ist Dir? beunruhigt Dich ein Traum?“ — „Ostenheim!“ antwortete sie mit Nachdruck — „Henriette! versezte er, sey ohne Sorgen, Dein Mann ist jezt Deiner werth!“ — „Jezt?“ sagte sie etwas leiser und schwieg. Diese Worte leiteten sie zu verschiedenen Betrachtungen. Charlottens Brief über die wahrscheinlichen Vergehungen seiner frühern Jahre fiel ihr ein, und weg war nun aller Widerwille gegen ihn! Mitleid und der feste Entschluß, ihn nicht zu verlassen, wenn er für

ehemalige Vergehungen büßen sollte, trat an
die Stelle. Daß dies geschehn würde, schien
ihr nicht mehr zweifelhaft. Sie erklärte sich
alle Auftritte des vorigen Tages dahin, und
betete zu Gott um Stärke in den bevorstehen-
den Trübsalen. Am Morgen reißten sie weiter, und kamen auf ihrem Landguthe ruhig
an. Der Bekannte aus der Gegend ritt fast
den ganzen Weg neben ihnen her. Seine
Unterhaltungen waren aber lästig, besonders
da sie Vorschläge zu Lustbarkeiten enthielten.
Aber sie mußten sich Zwang anthun, um
dem Mann, dem sie ihre schnelle Befreiung,
und die Rettung ihrer Ehre zu danken hatten, nicht, anstatt der Dankbarkeit, unartig zu begegnen.

Ostenheim sowohl, als seine Gemahlin,
wünschten eben nicht in Gesellschaften ver-
wickelt zu werden, da sie keinesweges dazu
aufgelegt waren. Der Vorwand von Henriettens schwächlicher Gesundheit, wozu sie

einiger

einiger Ruhe bedurfte, kam ihrem Wunsch, einsam zu bleiben, wohl zu statten. Jeden Tag hatte sich Henriette vorgenommen, eine Art von Examen mit ihrem Gemahl vorzunehmen, und ihn auf die möglichst schonendste Art zum Geständniß vorhergegangener Dinge zu bringen, damit sie dieser marternden Ungewißheit wenigstens los würde. Aber lange konnte sie es nicht über sich erhalten. Er war zärtlicher und zuvorkommender als jemals gegen sie. Sie versagte ihm die sonst gewohnte Erwiederung nicht; aber doch war ihr dieses trauliche achtungsvolle Betragen, womit sie ihm immer entgegen gekommen war, nicht möglich.

Oft blieb er Stunden lang in seinem Zimmer, wo er ungestört seyn wollte, sie wußte aber, daß er schrieb; dann gieng er einsam spazieren, und kam dann erheitert zu ihr. Sie unterbrach nie seine einsamen Spaziergänge oder Beschäftigungen, und suchte sich entwe-

entweder durch Arbeit zu zerstreuen, oder be=
schäftigte sich mit ihrem kleinen Sohn, den sie
äußerst zärtlich liebte, und oft, indem sie ihn
ans Herz drückte, über ihn weinte. Dann
hob sie ihn wieder empor, als wollte sie ihn Gott
hingeben, und betete mit Feuer für ihn, für
sich, für ihren Gemahl. So traf dieser sie
einst an, als er vom Spazierengehen zurück=
kam. Er war betroffen, blieb einen Augen=
blick stehen, eilte dann hinzu, stürzte vor Hen=
rietten auf die Knie und rief: „o Engel, ich
bin Deiner nicht werth!" Henriette schlang
einen ihrer Arme um ihn. „Ostenheim, sagte
sie, Du bist mein Gemahl, der Vater dieses
Kindes. Dies faßt eine Verknüpfung unserer
Angelegenheiten, eine Verpflichtung von mei=
ner Seite in sich, die kein Zufall lösen kann.
Steh auf, Lieber! setze Dich zu uns, und sey
aufrichtig gegen Dein treues Weib." Er ge=
horchte, behielt ihre Hand und sagte: „was
willst Du denn wissen, Vortrefliche?"— „Es
sind,

sind, versezte sie, ehe mein Ostenheim der tugendhafte Mann ward, der er jezt ist, Fehler von ihm begangen worden. Ihre Folgen sind noch nicht ganz verlöscht.

Ostenheim. Wahr, Theuerste! aber Gott kann und hat vergeben. Würdest Du es nicht auch, wenn ich Dir sie bekennte.

Henriette. O, das that ich schon längst! Aber Du fürchtest etwas; soll mich das nicht mit besorgt machen?

Ostenheim. Was könnte, wenn sich auch etwas ereignete, Dir widerfahren, Dir Unschuldigen?

Henriette. Also, Ostenheim, trennst Du doch mein Interesse von dem Deinigen? Könnte ich glücklich oder nur ruhig seyn, wenn Du littest? Hab' ich nicht geschworen, alles mitzutragen?

Ostenheim. Edles Weib! aber beruhige Dich! danke Gott mit mir, der mich Dich finden ließ. Du hast mich in der Tugend, zu

der

der ich schon zurückgekehrt war, bestärkt!
Was mir nun auch begegnen möge, so bin ich
doch der Vergebung Gottes gesichert; denn ich
habe mich von allem losgemacht. Er verachtet den reuigen Sünder nicht, und Du wirst
es auch nicht thun.

„Nein, guter Mann! sagte Henriette,
ich schätze Dich vielmehr als einen Helden,
der seine Leidenschaften besiegte, sich von der
Straße des Lasters entfernte, und standhaft
auf dem Wege der Tugend fortgieng. Ich
sehe, ein Bekenntniß Deines vorigen Lebens
fällt Dir zu schwer, also verlange ich's nicht!
Aber es ahndet mir, daß traurige Früchte
Deiner Ausschweifungen auf Dich warten.
Wir wollen ihnen getrost entgegen sehen, uns
in die Hände Gottes empfehlen. Er kann
natürliche Folgen, deren Ursachen von unserer
Verirrung oder Verblendung herrühren, nicht
vernichten, aber er kann Standhaftigkeit und
Ergebung in unser Schicksal schenken; darum
wollen wir ihn bitten.   Osten-

Oſtenheim hatte nicht Zeit zu antworten,
das Thor ward geöfnet, und eine Menge Reu-
ter, welche er und Henriette ſogleich für das
erkannten, was ſie waren, ſprengten herein;
aber beide blieben ſtandhaft. Ein Offizier
trat mit etlichen ſeiner Mannſchaft ins Zimmer: „Ich muß Sie arretiren, Herr Baron,“
ſagte er, und zeigte ſeine Ordre. Oſtenheim
nahm ſie ruhig hin, las, überreichte ſie dem
Offizier wieder, und antwortete ganz gelaſſen:
„Ja, mein Herr! ich bin Ihr Gefangener;
aber dieſe meine Gemahlin iſt unſchuldig!“
„Auch, verſezte der Offizier, habe ich keinen
Auftrag, ſie mitzunehmen, ich weiß, daß ſie
nicht zur Sache gehört.“ — „Und doch, verſezte Henriette mit dem Lächeln einer Heiligen,
muß ich Sie bitten, mich mitzunehmen, oder
ich müßte Sie in einem andern Wagen begleiten, denn verlaſſen kann ich meinen Mann
nicht.“ Der Offizier ſtaunte ſie an, eine
Thräne lief ſeine Wange herab. „Glücklicher
M   Mann,

Mann, sagte er, den ein Engel im Unglück begleiten will. Ostenheim ergrif Henriettens Hand, drückte sie an sein Herz, und rief aus: „ja, glücklich und dreimal begnadigt von Gott bin ich in dieser herrlichen Seele! Also ist es Dir Ernst, mich zu begleiten?" — „Voller Ernst, versezte Henriette, und jezt laß mich Anstalten machen. Wie lange, mein Herr! habe ich Zeit, unsre Angelegenheiten hier in Ordnung zu bringen?" Der Offizier bat sie, sich nicht zu übereilen, weil er einige Stunden warten könnte. Sie bestellte, ohne im mindesten in Verwirrung zu gerathen, eine Collation für den Offizier, und das Gehörige für sein Commando, brachte alles in Ordnung, übergab ihrer Jungfer die zurückbleibenden Effekten, und gab ihr auf lange Zeit Gehalt und Kostgeld, lohnte die bisherige Wärterin ihres Kindes und die Bedienten ab, packte das Nöthige für sich, ihren Gemahl und ihr Kind ein, und kam dann mit dem ruhigsten

Wesen zurück, um zu sagen, daß sie bereit
w' e, und es nun von dem Offizier abhienge,
ob angespannt werden sollte. Dieser hatte
aus dem, was Ostenheim ihm in ihrer Abwesenheit von seiner Gemahlin erzählte, eine
solche Ehrfurcht für sie gewonnen, daß er
alles von ihr abhängen ließ. Während sie
jene Veranstaltung traf, war Ostenheim mit
dem Offizier in seinem Zimmer gewesen, um
ihm alle Papiere, welche er hatte, zu überge-
ben. Als es geschehn, und alles in seinen
Zimmern versiegelt war, bat er den Offizier,
das, was er zulezt in der gewissen Ahndung
seines Unglücks geschrieben hatte, seiner Gemahlin zu geben, damit sie es unterwegens
lesen könnte. Jener überreichte es ihr ohne
die mindeste Erinnerung. Dieser Aufsatz,
welcher die Geschichte des unglücklichen Ostenheims enthält, und den er am Morgen vor
seiner Arretirung vollendet hatte, soll dem
Wesentlichen nach, am Schluß dieser Blätter

folgen. Oſtenheim wurde, wie der Leſer wohl
ſchon vorher geſehen hat, nach Augſpurg tranſ-
portirt. Der ſogenannte Graf Thurn war
nebſt Schobern, der ſich nach ſeiner Trennung
von Oſtenheim, meiſt bei dem erſten aufgehalten, zuerſt gefangen genommen worden. Sie
ſagten im erſten Verhör ſchon viele ihrer Uebel-
thaten aus, und nannten alle ihre Mitgeſellen.
Oſtenheim wurde nicht von ihnen verſchont,
ob er ſich gleich losgeſagt, und um völlig mit
ihnen auseinander zu kommen, eben jene Reiſe,
wo er ſeine Gemahlin allein in R. ließ, gethan hatte.

Man hatte zufördeſt dahin geſchrieben,
und da er nicht mehr zu finden war, alle ſeine
zurückgelaſſene Effekten verſiegelt, und dann
Verfügung getroffen, ihn auf ſeinem Guthe
zu arretiren und nach Augſpurg zu bringen.
Daß Henriette ganz unſchuldig und in allem
unwiſſend ſey, hatten beide Maleffkanten ſogar
mit den meiſten Umſtänden ihrer Verheirathung

thung ausgesagt; es hätte also ganz von ihr abgehangen, wo sie sich aufhalten wollte. Durch den erwähnten Aufsatz ward sie von allem unterrichtet. Da er die aufrichtigste Reue ihres Mannes, und alles, was er, um ganz zur Tugend zurückzukehren, gethan hatte, enthielt; so bejammerte sie zwar seine Verirrungen und die begangenen Verbrechen, tröstete ihn aber mit der größten Standhaftigkeit und Milde über die ihn nun ohne Zweifel erwartende Strafe.

Er ward bald nach seiner Ankunft verhört, gestand alles ohne Zwang, erregte das Mitleid seiner Richter, welche ihn um sein selbst, noch mehr aber um der tugendhaften Henriette und ihres Kindes willen, gern losgesprochen hätten. Man hatte sein Entsagen von dieser Gesellschaft in den Akten, die nun zur Einholung der Urtel weggeschickt wurden, so viel möglich erhoben.

Henriette war ganz unzertrennlich von ihrem Manne. Um ihrentwillen hatte man ihm
einen erträglichen Aufenthalt im Gefängniß
angewiesen, sie durfte für sich und das Kind
Betten nehmen; diese theilte sie treulich mit
ihrem Manne.

Schon seit dem Zufall während der Reise,
welcher Henrietten auf einmal die Augen öfnete, hatte sie im Sinne, Charlotten zu schreiben; aber ihr schauderte vor dem Bekenntnisse,
welches sie dieser Freundin hätte thun müssen,
weil es ihren Gatten in den Augen derselben
völlig herabgewürdigt hätte. Jezt aber machte
sie mit Ostenheims Bewilligung den ausführ-
lichsten Bericht von allem, was sich zugetragen hatte. Denn wenn sie nun in ihrem Gemahl den wirklichen, nicht mehr geahndeten,
Verbrecher zeigte, so konnte sie doch zugleich
seine längst schon gefühlte Reue und Rückkehr
zur Tugend melden. Ostenheim schrieb alles,
was seine Gemahlin Charlotten meldete, an

ben Prediger, und beiden schickten sie eine Abschrift des Aufsatzes mit, dessen wir schon gedacht haben. Nachdem diese Arbeit vollbracht
war, theilte Henriette ihre Zeit in die Pflege
ihres Gemahls und ihres Kindes, und las
dem ersten entweder aus theologischen oder
aus andern geistreichen Büchern vor, oder
unterhielt sich, um ihn zu zerstreuen, aufzu-
muntern und im Guten zu bestärken, mit ihm.
Oft hatten sie Zuspruch; jeder interessirte sich
für den unglücklichen Ostenheim und seine vor-
treffliche Frau; jeder wünschte, daß ihm durch-
geholfen werden möchte, weil er jetzt ein bes-
seres Schicksal verdiente.

Charlottens und des Predigers Antworten
waren dem leidenden Paar ungemein tröstlich.
Die so aufrichtige Mitempfindung ihres Elends,
die Versicherung, daß man, wie und wo sichs
nur thun ließe, zu helfen und beizustehen bereit sey, das Zureden dieser edlen Seelen war
Linderung des Unglücks. Charlottens Ge-

mahl hatte viel auswärtige Bekanntschaft; er bot diejenigen, welche es thun konnten, zu Ostenheims Rettung auf. Der Graf, in dessen Hause Henriette gewesen war, that selbst eine Reise deswegen. Sie konnten Ostenheimen das beste Zeugniß, als Bestätigung seines geänderten Lebenswandels geben. Aber alles dies half nichts! Er hatte einen Mord begangen, und in den damaligen Zeiten war die Milderung der Todesstrafe durch Verwandlung in lebenslänglichen Festungs-Arrest noch nicht möglich. Sein Urtheil war, daß er den Kopf verlieren, dann aber ehrlich begraben werden sollte. Dies war das gelindeste, was man ihm zuerkennen konnte. Die übrigen Mitglieder des strafbaren Bundes wurden mit Strick und Rad bestraft.

Sobald Charlotte sein Urtheil erfuhr, begab sie sich selbst nach Augspurg, um ihrer unglücklichen Freundin beizustehen, und sie nach Ostenheims Hinrichtung mit auf ihre Güther zu nehmen. Auch

Auch der Prediger kam. Und nun verlie-
ßen diese Freunde Oſtenheims Gefängniß ſelten. Sie halfen ihm die Zeit bis zu ſeinem
Tode durch ihr Zureden und ihre Unterhaltungen unvermerkt hinbringen, und freuten ſich
ſeiner innern Ruhe. Am lezten Abend ſeines
Lebens fuhr er auf einmal freudig in die Höhe.
„Hier, rief er, Deine Mutter, Henriette, ſie
winkt mir freundlich zu, ſie hat mirs alſo vergeben, daß ich Dich unglücklich gemacht.“
„Ja, verſezte Henriette, ſie wars, die gute
Mutter! ich ſah ſie eher als Du, ſchwieg aber,
und ergözte mich an ihrer Freundlichkeit. Ja,
ſie kam Deinetwegen, ihr Blick war auf Dich
gerichtet; ihr Wink galt Dir! Aber auch mich
wird ſie bald rufen.“

Den Morgen darauf ward er abgeholt;
und nur bis hierher hatte Henriettens Standhaftigkeit ausgehalten. Sie warf ſich in ſeine
Arme, und rief: „nimm mich mit!“ Sie ließ
ihn wieder los, ſchlang ihre Häude um ſeinen

Leib,

Leib, und sagte mit Heftigkeit: „ich geb' ihn
euch nicht, oder ihr müßt mich mit tödten."
„Theure, ewig Geliebte! sagte Ostenheim,
willst Du Dir nun ungleich werden? Sieh!
mich ruft unsere Mutter: zu Gott! zu Gott!
Lebe Du für unsern Sohn!" Sie ließ ihn los,
er drückte den lezten zärtlichen Kuß auf ihre
Lippen; rief: „Dank und Lohn Dir, Engel,
den Gott mir schickte," und eilte fort. „Wohin?" rief sie, und wollte nach. Der Prediger und etliche andere, die im Gefängniß waren, warfen sich ihr entgegen. Sie sank;
Charlotte, welche den Kleinen auf dem Arm
hatte, und ohne Aufhören weinte, sezte das
Kind auf den Boden, und eilte hinzu. Sie
blieb ohne Bewußtseyn, man hielt sie für todt;
doch der gerufene Arzt fand noch Lebenszeichen,
und sie wurde nun in Charlottens Logis gebracht. Nach einigen Stunden erwachte sie,
sahe sich an einem fremden Ort, und fragte,
warum man sie von ihrem Gemahl getrennt
hätte?

hätte? Charlotte wußte keine Antwort, die
ihr nicht eine neue Ohnmacht zugezogen hätte.
Henriette wiederholte ihre Frage. „Du bist
krank, meine Liebe! versezte Charlotte, erhole
Dich!" — „Ja, ja, antwortete Henriette langsam, jezt weiß ichs, man hat ihn — (heftig)
— Charlotte ist er?" — „Bei Gott!" fiel diese
ein. Die Unglückliche schwieg einen Augenblick, dann sagte sie gelassen: „bald werde ich
bei ihm seyn — bald — Du lässest mich doch
neben ihn begraben? Ewig Dank und Gottes
Lohn, meine einzige Freundin! nimm Dich
dieses Kindes —" sie konnte dies nicht aus-
sagen, weil sie wieder eine Schwachheit befiel,
ihr folgte Hitze und Phantasie, welche länger
als vier und zwanzig Stunden dauerten. Sie
unterhielt sich während derselben mit ihrem
Gemahl und ihrer Mutter, die ihr die Krone
reichte.

Endlich kam sie zu sich! Aber alle Sorg-
falt des Arztes konnte sie nicht erhalten. Ge-

gen Abend des zweiten Tages nach Oſtenheims
Hinrichtung entſchlief ſie.

Die Natur hatte, während Oſtenheim
noch lebte, bei ihr die Kräfte überſpannt,
um ihm Muth zu machen und beizuſtehen.
Jetzt ließ dieſe Spannung nach. Sie konnte
Oſtenheims Verluſt nicht mehr ertragen, die
Erſchütterung im Augenblick, da man ihn von
ihr riß, war zu heftig, die erſchöpften und
erſchlafften Lebensgeiſter erſtarben, und Hen⸗
riette entſchlief, nachdem ſie wenig Augenblicke
vor ihrem Scheiden die ihr freundlich winkende
Mutter wiedergeſehen, und dies frohlockend
verkündigt hatte.

Charlotte ließ die Verklärte neben ihren
Mann, dem man am Rande des Gottesackers
ein Grab bewilligt hatte, beerdigen, nahm ih⸗
rer Freundin kleinen Sohn, nebſt Henriettens
ihr übergebne Papiere mit, und handelte her⸗
nach als Mutter an dieſem ihr übergebnen
Pflege⸗

Pflegefohn, der ein guter und glücklicher
Mann geworden ist.

Beforgt, den Leser nicht zu ermüden, darf
ich von Oftenheims Auffatz, welcher über feine
begangene Vergehungen Licht giebt, hier nur
das Wefentliche anführen. Er war ein
Schwede, um aber feine große Familie nicht zu
befchimpfen, hat er felbft in dem Auffatz an feine Gemahlin, feinen wahren Namen verfchwie-
gen; oder vielleicht ftand er in dem Auffatz,
und der Sache wurde aus Schonung für die
Familie diefe Wendung gegeben. Seine Erziehung war vortreflich, und er fühlte von
Kindheit an Trieb zum Guten, zu edlen Handlungen, und hatte ein wohlwollendes Herz.
Diefe guten Eigenfchaften aber wurden durch zu
vieles Feuer und Leichtfinn für lange unbrauch-
bar gemacht. Man fchickte ihn auf eine deut-
fche Univerfität, wo er fchon ziemlich locker
lebte und Schulden machte, die fein Vater
nicht mehr bezahlen wollte. Endlich that er

es

es doch, und beſtimmte noch eine Summe
Geldes, wovon er reiſen möchte; aber die Zeit
dazu, und das, was der Vater dazu aus-
ſezte, war längſt weg, als er in einer großen
Stadt mit dem Bewußtſeyn erwachte, daß er
eigentlich noch keinen der Orte geſehen hätte,
wo er hin ſollte. Eben damals war er 23
Jahr alt, war in böſe Geſellſchaft gerathen,
und Schober, ſchon ſein Bedienter, der ihm
wirklich von Hauſe mitgegeben worden, war
ſein ärgſter Verführer. Einſt hatte er mit
den beiden Räubern, die ſich bisher die ehr-
würdigen Namen gegeben hatten, unter denen
wir ſie kennen, getrunken und geſpielt. Ein
junger Menſch, von gutem Hauſe und großem
Vermögen, war in ihre Geſellſchaft gerathen,
und da er allein nüchtern war, gewann er den
übrigen alles ab. Sie ergrimmten, und
Oſtenheim am meiſten. Er wurde von den
übrigen angereizt, und ſchimpfte jenen Jüng-
ling, welcher es nicht leiden wollte, und
wieder

wieder auffuhr. Er stund auf, um nach Ostenheim zu schlagen, dieser gerieth in Wuth, und im Augenblick der heftigsten Leidenschaft reichte ihm Schober, der zugegen war, einen Dolch, welchen Ostenheim seinem Gegner in die Brust stieß. Er fiel! Die Nacht, die Entlegenheit des Orts, wo die Gesellschaft versammelt war, und die schnelle Anstalt derselben machte, daß sein Schrei nicht gehört wurde. Die bösen Anführer Ostenheims, welcher betäubt war, und nun nicht weiter Hand anlegte, zerhieben den Körper. Jeder suchte einige Stücke wegzubringen. Man verwischte das Blut und theilte sein Geld, seine Kostbarkeiten und einige Wechsel, welche Schober den folgenden Tag im Namen des Ermordeten erhob. Als die That geschehen, und Ostenheim mehr zu sich selbst gekommen war, verspürte er Reue, ward aber ausgelacht. Man wünschte ihm vielmehr Glück zu seiner ersten Heldenthat, und gab ihm das meiste

von

von der Beute, zugleich ward ihm entdeckt,
daß er nun zu ihnen gehöre, deren Handwerk
und das Süße davon, wie sie es nannten,
er jezt erst erfuhr. Schober hatte schon seit
einiger Zeit zu dieser Gesellschaft geschworen,
und versprochen, seinen Herrn auch zu über-
liefern. Ostenheim erschrak über das, was
er hörte. Aber jezt versicherte man ihm, daß
er in ihrer Gewalt wäre, und drohete, den
Mord zu verrathen, wenn er an ihnen zum
Verräther werden sollte. Ein sehr erzürnter
Brief seines Vaters, dem er Rechnung seines
Haushalts und seiner verschwendeten Zeit geben sollte, vollendete sein Unglück! Er hätte
gern das Geld des Getödteten angewandt, um
weiter zu reisen und sich mit dem Vater wieder
auszusöhnen, aber Schober unterrichtete seinen schändlichen Anhang davon, und man
bemächtigte sich, unter dem Vorwande seine
Baarschaft durchzusehen, derselben. Er war
nun in den Händen dieser Menschen. Sie

betäub-

betäubten durch wilden Jubel sein Gewissen,
verleiteten ihn zu neuen Unthaten, und rissen
ihn so mit sich fort. Nun reißte und raubte
er mit ihnen, und brachte in 5 Jahren so viel
Geld und Kostbarkeiten zusammen, daß er den
väterlichen Segen und sein Erbtheil entbehren
zu können glaubte.

Er wußte, daß er nun nicht mehr vor seinem Vater erscheinen durfte. Ein Rest von
Delikatesse vermochte ihn, sich einen andern
Namen zu geben. Seine gottlosen Anführer
hatten einen Herrn von Osten aus Liefland
beraubt, ehe er sie kannte, ihn ermordet, und
untern andern auch seine Familien = Doku-
mente, nebst vielen dahin gehörigen Papieren
geraubt. Dies alles verehrten sie ihm, und
ernannten ihn zum Baron Ostenheim. Diese
Endung ward zu desto mehrerer Sicherheit
überall in die Urkunden und Papiere auf eine
geschickte Art beigefügt. Während der Zeit
dieser liederlichen Lebensart hatte Ostenheim

im Rauben und Weglauern viel Geschicklich-
keit bewiesen, aber keinen Mord weiter begangen.

Als sein Gewissen erwachte, getrauete er
sich anfangs nicht, es seinen Kammeraden geradezu zu gestehen. Er nahm auf ein Jahr
Urlaub, um als Kavalier in R. aufzutreten.
Dies ward ihm gestattet, aber Schober wollte
ihn in den Augen behalten, daher erhielt er
die Erlaubniß nur unter dieser Bedingung,
daß Schober als Kammerdiener in seinen Diensten ihn überall begleitete. Dagegen sagte er
ihm die festeste Verschwiegenheit zu, wenn er
sich gehörig verhalten würde, er kaufte sich
das Landgut um die nehmliche Zeit. Es wurde ferner ausgemacht, daß Schober nach wie
vor an der Beute, welche indeß die andern
machen würden, Theil nehmen sollte. Ostenheim hingegen verlangte unter dem Vorwande
nichts davon, daß er ja keinen Beitrag liefern
könnte! Er richtete sich jezt, wie wir wissen,

prächtig ein und erhielt Beifall. Nun bereuete
er sein geführtes Leben immer mehr; nahm sich
vor, was es auch kostete, nicht wieder zurückzukehren, kaufte sich die besten Bücher, besuchte die Kirchen und die anständigsten Gesellschaften, und erwarb sich dadurch allgemeine Achtung. Der begangene Mord lag
ihm freilich schwer auf dem Herzen; doch er
hofte ihn durch Wohlthaten, durch Erziehung
armer Waisen zu versöhnen. Wenn er dann
sich überhaupt bestrebte, ein gemeinnütziges
Leben zu führen; dürfte er sich, nach seiner
Meinung, desselben Verlängerung wünschen.
Schober schüttelte zuweilen den Kopf zu seinen
wohlthätigen Ausgaben, indessen machte ihn
die Ueberlegung, daß es nicht von dem Seinigen gienge, endlich gleichgültig darüber. Um
diesen Menschen bei Gutem zu erhalten, versprach er jedesmal, wenn er ihn daran erinnerte, daß er nach geendigtem Urlaub zurückkehren wollte, hatte aber beschlossen, sich, wenn

diese Zeit herannahete, im Stillen fortzuma-
chen, alles im Stich zu lassen, und in einem
verborgenen Winkel sein Brod durch seiner
Hände Arbeit zu verdienen. Er sah Henrietten, und die Liebe bemächtigte sich seines Herzens. Die Unschuld und reine Güte des Herzens, die er an ihr bemerkte, reizte ihn desto
mehr zu dem Wunsch, sie zu besitzen. Er entdeckte sich Schobern; dieser sah sie, und gab
unter boshaften Absichten die Erlaubniß, sie
zu heirathen, wenn sie ihn haben wollte. Ja
er versprach ihm die Einwilligung aller Uebrigen, und noch auf ein Jahr Urlaub. Ostenheim hielt dies für einen Wink der Vorsehung,
welche ihm diese tugendhafte Person schenken
wollte, damit er durch sie im Guten befestigt
würde. Er fieng an zu hoffen, man würde
ihn, wenn er sie einmal hätte, und auf alles,
was nicht schon sein wäre, Verzicht leistete,
auch allenfalls einen Abtrag von dem, was
er schon hätte, gäbe, und jenen bösen Men-

ſchen die größte Verſchwiegenheit angelobte, mit ſeiner Gemahlin ruhig leben laſſen. Scho- ber wollte ihr Portrait haben, und zur Geſell- ſchaft reiſen, um ſie durch die Schönheit der- ſelben zur Einwilligung deſto bereitwilliger zu machen. Wir wiſſen, durch welche Verhinde- rung es in Henriettens Brautſtand nicht war gemahlt worden. Schober reißte alſo ohne daſſelbe. Man hatte ſich an ſeiner Beſchrei- bung begnügt, und die Einwilligung nebſt einigen koſtbaren Geſchenken ertheilt. Oſten- heim nahm ſie an, weil ſie ſeiner Geliebten beſtimmt waren. Er glaubte ſie und ſein gan- zes unrechtmäßiger Weiſe erworbenes Vermö- gen geheiligt zu haben, wenn er ſie zur Be- ſitzerin davon gemacht hätte. Um ihre Hand zu erhalten, wagte er alles daran, machte die Finten, die wir wiſſen, welche während der Unruhen, die der Geiſt verurſachte, nöthig waren; und bot dazu ſeinen ganzen Verſtand auf; indem er hofte, es werde nicht ſtrafbar seyn, weil es in einer guten Abſicht geſchähe, und wenn er nur dieſe tugendhafte Perſon, die ihn liebte, beſäße, die Vorſehung um ihrentwillen alles abwenden würde. Indeſſen hatte die von allen geſehene Erſcheinung doch ſein Gewiſſen gerührt, er wollte lieber entſagen, als Henrietten in ſein Unglück ziehn. Daher war das, was er einſt darüber ſagte, ihm Ernſt, nur daß er der Sache eine andere Wendung gab. Henriettens großmüthige Hingebung hielt er aufs neue für Wink der Vorſehung, daher ſeine Rührung. Als Henriette endlich ſeine Gemahlin war, bekam er Beſuch von dem ſogenannten Thurn und Heinitz, die ſie ſehen wollten. Sie erweckte die Begierden dieſer böſen Menſchen, welche Oſtenheimen Anträge thaten, wovor er Abſcheu hatte. Verſchiedenemal hatte er ſchon Beſuche erhalten, ſeit er in R. war. Dieſes lezte mal, als Henriette ſeine Frau war, und ſie jene häßlichen Wünſche äußerten, beſchloß er, daß er

ſich,

sich, was er auch aufopfern müßte, von ih⸗
nen trennen wollte. Schober begleitete sie,
um seinen Antheil an der bisherigen Beute zu
holen. Durch ihn sollte Ostenheim die Reso⸗
lution des ganzen Korps auf seinen, diesen
beiden schon in N. gethanen Antrag wegen der
Trennung erhalten. Er kam, man hatte ihn
unter Bedingungen bewilligt, über welche er mit
Schobern jenen Streit hatte, der Henrietten
so viel Unruhe verursachte.

Schober war es eben, der am heftigsten auf
den Bedingungen oder auf seinem Zurückkehren
bestand. Die beiden Leute, welche da gewe⸗
sen waren, hatten Achtung für Henriettens
schüchterne Tugend gewonnen, und beschlossen,
ihr den Mann zu lassen. Endlich beredete ihn
Schober, selbst zur Gesellschaft zu reisen, und
dort ward auch Schober bewogen, ihn allein
heimziehn zu lassen. Er bot noch die Hälfte
seines Vermögens, in der Hofnung, Henriette
werde sich gern in ein kleines Einkommen fin⸗

den; aber die Räuber waren so großmüthig,
dies böse Geld auszuschlagen, und wollten
vielmehr sein Einkommen vermehren, welches
er aber nicht annahm. Ihre lezten Besuche
auf dem Lande waren Ueberraschung aus Ne-
ckerei. Sie hatten ihm den Schwur der Verschwiegenheit abgenöthigt; um davon zu kommen, hatte er ihn leisten müssen. Er hingegen hatte sich nicht zusagen lassen, daß sie ihn
nicht angeben wollten, im Fall sie verrathen
und entdeckt würden. Seine Furcht also, da
er von eingefangenen Räubern hörte, und
vermuthen mußte, daß es seine ehemaligen
Kammeraden wären, war natürlich und, wie
wir gesehen haben, gegründet.